Čarolija Kolača

Umjetnost Slatkih Delikatesa

Ana Marušić

SADRŽAJ

Farmhouse Dripping Cake 12
Američki medenjaci s umakom od limuna 13
Medenjak od kave 15
Kolač s kremom od đumbira 16
Liverpool torta od đumbira 17
Medenjaci od zobenih pahuljica 18
Ljepljivi medenjak 20
Medenjaci od cjelovitog brašna 21
Kolač od meda i badema 22
Kolač s limunom 23
Prsten za ledeni čaj 24
Lardy kolač 26
Kolač od kima 27
Mramorni kolač 28
Lincolnshire slojevita torta 29
Kolač od štruce 29
Kolač od marmelade 31
Kolač od maka 32
Obični kolač od jogurta 33
Kolač od suhih šljiva i kreme 34
Kolač s malinama i glazurom od čokolade 36
Kolač od pijeska 37
Kolač sa sjemenkama 38
Začinjena torta od prstena 39

Začinjeni slojeviti kolač ... 40

Kolač od šećera i cimeta ... 41

Viktorijanska čajna torta ... 42

Voćna torta sve u jednom ... 43

Sve u jednom pan voćni kolač ... 44

Australski voćni kolač ... 45

Američki bogati kolač ... 46

Voćni kolač od rogača ... 48

Voćni kolač od kave ... 49

Cornish Heavy Cake ... 51

Kolač od ribiza ... 52

Kolač od tamnog voća ... 53

Izreži i dođi opet torta ... 55

Dundee torta ... 56

Noćni voćni kolač bez jaja ... 57

Pouzdani voćni kolač ... 58

Voćni kolač od đumbira ... 60

Voćna torta od meda na farmi ... 61

Genovska torta ... 62

Glacé voćni kolač ... 64

Guinnessova voćna torta ... 65

Kolač od mljevenog mesa ... 66

Voćni kolač od zobi i marelice ... 67

Voćni kolač za noćenje ... 68

Kolač od grožđica i začina ... 69

Richmond torta ... 70

Torta od šafrana ... 71

Soda voćni kolač	72
Brza voćna torta	73
Vrući čajno-voćni kolač	74
Hladna čajna voćna torta	75
Voćni kolač bez šećera	76
Sitni voćni kolači	77
Voćni kolač od octa	78
Virginia Whisky torta	79
Velška voćna torta	80
Bijela voćna torta	81
Kolač od jabuka	82
Hrskavi kolač sa začinjenim jabukama	83
Američki kolač od jabuka	84
Torta od pirea od jabuka	85
Kolač od jabuke od jabukovače	86
Kolač od jabuka i cimeta	87
Španjolski kolač od jabuka	88
Kolač od jabuka i sultanije	90
Preokrenuti kolač od jabuka	91
Kolač od marelice	92
Torta od marelica i đumbira	93
Pijan kolač od marelica	94
Kolač od banane	95
Hrskavi kolač od banane	96
Banana spužva	97
Kolač od banana bogat vlaknima	98
Kolač od banane i limuna	99

Čokoladni kolač od banane u blenderu 100

Kolač od banane i kikirikija 101

Sve-u-jednom kolač od banane i grožđica 102

Torta od banane i viskija 103

Torta od borovnica 104

Kolač od višanja Kaldrma 105

Kolač od višanja i kokosa 106

Torta od višanja i sultanije 107

Ledena torta od višanja i oraha 108

Damson kolač 109

Kolač od datulja i oraha 110

Kolač od limuna 111

Kolač od naranče i badema 112

Ovseni kolač od kruha 113

Oštar kolač s glazurom od mandarina 114

Kolač od naranče 115

Kolač od breskvi 116

Torta od naranče i marsale 117

Kolač od breskve i kruške 118

Vlažni kolač od ananasa 119

Torta od ananasa i trešanja 120

Natalna torta od ananasa 121

Ananas naopako 122

Kolač od ananasa i oraha 123

Kolač od malina 124

Kolač od rabarbare 125

Rabarbara-medena torta 126

Kolač od cikle 127

Kolač od mrkve i banane 128

Kolač od mrkve i jabuke 129

Kolač od mrkve i cimeta 130

Kolač od mrkve i tikvica 131

Kolač od mrkve i đumbira 132

Kolač od mrkve i oraha 133

Kolač od mrkve, naranče i oraha 134

Kolač od mrkve, ananasa i kokosa 135

Kolač od mrkve i pistacija 136

Kolač od mrkve i oraha 137

Začinjeni kolač od mrkve 138

Kolač od mrkve i smeđeg šećera 140

Kolač od tikvica i srži 141

Kolač od tikvica i naranče 142

Začinjena torta od tikvica 143

Kolač od bundeve 145

Torta od bundeve s plodovima 146

Začinjena rolada od bundeve 147

Kolač od rabarbare i meda 149

Torta od batata 150

Talijanski kolač od badema 152

Torta od badema i kave 153

Torta od badema i meda 154

Kolač od badema i limuna 155

Kolač od badema s narančom 156

Bogata torta od badema 157

Švedski kolač od makarona 158

Štruca od kokosa 159

Kolač od kokosa 160

Zlatni kolač od kokosa 161

Slojeviti kolač od kokosa 162

Kolač od kokosa i limuna 163

Novogodišnja torta od kokosa 164

Kokos i Sultanija torta 165

Torta s hrskavim orašastim vrhom 166

Kolač od miješanih oraha 167

Grčki kolač od oraha 168

Ledena torta od oraha 169

Torta od oraha sa kremom od čokolade 170

Kolač od oraha s medom i cimetom 171

Pločice od badema i meda 172

Crumble pločice od jabuke i crnog ribiza 174

Pločice od marelice i zobene kaše 175

Marelica Crunchies 176

Orašaste banane pločice 177

Američki kolačići 178

Chocolate Fudge Brownies 179

Brownies od oraha i čokolade 180

Pločice s maslacem 181

Cherry Toffee Traybake 182

Traybake s komadićima čokolade 183

Cinnamon Crumble sloj 184

Gnjecave pločice cimeta 185

Kokosove pločice	186
Sendvič pločice s kokosom i džemom	187
Date and Apple Traybake	188
Kriške datulja	189
Bakine pločice s datuljama	190
Pločice od datulja i zobenih pahuljica	191
Pločice od datulja i oraha	192
Pločice od smokava	193
Flapjacks	194
Pahuljice od trešnje	195
Čokoladne pahuljice	196
Fruit Flapjacks	197
Palačinke s voćem i orašastim plodovima	198
Ginger Flapjacks	199
Nutty Flapjacks	200
Oštro pecivo s limunom	201
Mocha i kokos kvadrati	202
Pozdrav Dolly Cookies	204
Pločice s orašastim plodovima i čokoladom i kokosom	205
Nutty Squares	206
Kriške oraha oraha naranče	207
Parkin	208
Pločice s maslacem od kikirikija	209
Kriške za piknik	210
Pločice od ananasa i kokosa	211
Kolač sa kvascem od šljiva	212
American Pumpkin Bars	214

Pločice od dunja i badema 215
Pločice s grožđicama 217
Zobeni kvadratići maline 218

Farmhouse Dripping Cake

Za jednu tortu od 18 cm/7

225 g/8 oz/11/3 šalice miješanog suhog voća (mješavina za voćni kolač)

75 g/3 oz/1/3 šalice goveđeg mljevenog mesa (skraćivanje)

150 g/5 oz/2/3 šalice mekog smeđeg šećera

250 ml/8 tečnih oz/1 šalica vode

225 g/8 oz/2 šalice integralnog (cjelovitog) brašna

5 ml/1 žličica praška za pecivo

2,5 ml/½ žličice sode bikarbone (soda bikarbona)

5 ml/1 žličica mljevenog cimeta

Prstohvat naribanog muškatnog oraščića

Prstohvat mljevenog klinčića

Stavite voće, šećer i vodu da prokuhaju u tavi s gustom bazom i kuhajte na laganoj vatri 10 minuta. Ostaviti da se ohladi. Pomiješajte preostale sastojke u zdjeli, zatim ulijte otopljenu smjesu i lagano promiješajte. Žlicom stavljajte u podmazan i obložen kalup za torte (tepsiju) veličine 18 cm/7 i pecite u prethodno zagrijanoj pećnici na 180°C/350°F/plinska oznaka 4 1½ sata dok dobro ne naraste i ne skupi se od stijenki kalupa.

Američki medenjaci s umakom od limuna

Za jednu tortu od 20 cm/8

225 g/8 oz/1 šalica sitnog (superfinog) šećera

50 g/2 oz/¼ šalice maslaca ili margarina, otopljenog

30 ml/2 žlice crnog melase (melase)

2 bjelanjka lagano istučena

225 g/8 oz/2 šalice glatkog (višenamjenskog) brašna

5 ml/1 žličica sode bikarbone (soda bikarbona)

5 ml/1 žličica mljevenog cimeta

2,5 ml/½ žličice mljevenih klinčića

1,5 ml/¼ žličice mljevenog đumbira

Prstohvat soli

250 ml/8 tečnih oz/1 šalica mlaćenice

Za umak:

100 g/4 oz/½ šalice sitnog (superfinog) šećera

30 ml/2 žlice kukuruznog brašna (kukuruzni škrob)

Prstohvat soli

Prstohvat naribanog muškatnog oraščića

250 ml/8 tečnih oz/1 šalica kipuće vode

15 g/½ oz/1 žlica maslaca ili margarina

30 ml/2 žlice soka od limuna

2,5 ml/½ žličice sitno naribane limunove korice

Pomiješajte šećer, maslac ili margarin i melasu. Umiješajte snijeg od bjelanjaka. Pomiješajte brašno, sodu bikarbonu, začine i sol. Umiješajte smjesu brašna i mlaćenicu naizmjenično u smjesu maslaca i šećera dok se dobro ne sjedine. Žlicom stavljajte u podmazan i pobrašnjen kalup za tortu (tepsiju) veličine 20 cm/8 i pecite u prethodno zagrijanoj pećnici na 200°C/400°F/plinska oznaka 6 35 minuta dok ražnjić umetnut u sredinu ne izađe čist. Ostavite da se ohladi u limu 5 minuta prije nego što ga okrenete na rešetku da se dovrši hlađenje. Kolač se može poslužiti hladan ili topao.

Da biste napravili umak, pomiješajte šećer, kukuruzno brašno, sol, muškatni oraščić i vodu u maloj tavi na laganoj vatri i miješajte dok se dobro ne sjedini. Kuhajte uz miješanje dok smjesa ne postane gusta i bistra. Umiješajte maslac ili margarin i sok i koricu limuna i kuhajte dok se ne sjedine. Prelijte preko medenjaka za posluživanje.

Medenjak od kave

Za jednu tortu od 20 cm/8

200 g/7 oz/1¾ šalice samodizajućeg (samodizajućeg) brašna

10 ml/2 žličice mljevenog đumbira

10 ml/2 žličice instant kave u granulama

100 ml/4 fl oz/½ šalice vruće vode

100 g/4 oz/½ šalice maslaca ili margarina

75 g/3 oz/¼ šalice zlatnog (svijetlog kukuruznog) sirupa

50 g/2 oz/¼ šalice mekog smeđeg šećera

2 jaja, istučena

Pomiješajte brašno i đumbir. Otopite kavu u vrućoj vodi. Otopite margarin, sirup i šećer pa umiješajte u suhe sastojke. Umiješajte kavu i jaja. Izlijte u podmazan i obložen kalup za torte (tepsiju) 20 cm/8 i pecite u prethodno zagrijanoj pećnici na 180°C/350°F/plinska oznaka 4 40-45 minuta dok dobro ne naraste i postane elastičan na dodir.

Kolač s kremom od đumbira

Za jednu tortu od 20 cm/8

175 g/6 oz/¾ šalice maslaca ili margarina, omekšalog

150 g/5 oz/2/3 šalice mekog smeđeg šećera

3 jaja, lagano tučena

175 g/6 oz/1½ šalice samodizajućeg (samodizajućeg) brašna

15 ml/1 žlica mljevenog đumbira Za nadjev:

150 ml/¼ pt/2/3 šalice dvostrukog (gustog) vrhnja

15 ml/1 žlica šećera u prahu (slastičarskog), prosijanog

5 ml/1 žličica mljevenog đumbira

Miksajte maslac ili margarin i šećer dok ne postane svijetlo i pjenasto. Postupno dodajte jaja, zatim brašno i đumbir i dobro promiješajte. Žlicom rasporedite u dva podmazana i obložena 20 cm/8 kalupa za sendviče (tepsije) i pecite u prethodno zagrijanoj pećnici na 180°C/350°F/plinska oznaka 4 25 minuta dok dobro ne naraste i postane elastičan na dodir. Ostaviti da se ohladi.

Umutite vrhnje sa šećerom i đumbirom dok ne postane čvrst, a zatim ga upotrijebite za spajanje kolača.

Liverpool torta od đumbira

Za jednu tortu od 20 cm/8

100 g/4 oz/½ šalice maslaca ili margarina

100 g/4 oz/½ šalice demerara šećera

30 ml/2 žlice zlatnog (svijetlog kukuruznog) sirupa

225 g/8 oz/2 šalice glatkog (višenamjenskog) brašna

2,5 ml/½ žličice sode bikarbone (soda bikarbona)

10 ml/2 žličice mljevenog đumbira

2 jaja, istučena

225 g/8 oz/11/3 šalice sultanki (zlatne grožđice)

50 g/2 oz/½ šalice kristaliziranog (kandiranog) đumbira, nasjeckanog

Na laganoj vatri otopiti maslac ili margarin sa šećerom i sirupom. Maknite s vatre i umiješajte suhe sastojke i jaje te dobro promiješajte. Umiješajte sultanije i đumbir. Žlicom stavljajte u podmazan i obložen četvrtasti kalup za torte (tepsiju) veličine 20 cm/8 i pecite u prethodno zagrijanoj pećnici na 150°C/300°F/plinska oznaka 3 1½ sata dok ne postane elastičan na dodir. Torta može malo utonuti u sredini. Ostaviti da se ohladi u plehu.

Medenjaci od zobenih pahuljica

Za jednu tortu veličine 35 x 23 cm/14 x 9

225 g/8 oz/2 šalice integralnog (cjelovitog) brašna

75 g/3 oz/¾ šalice valjane zobi

5 ml/1 žličica sode bikarbone (soda bikarbona)

5 ml/1 žličica kreme od zubnog kamenca

15 ml/1 žlica mljevenog đumbira

225 g/8 oz/1 šalica maslaca ili margarina

225 g/8 oz/1 šalica mekog smeđeg šećera

U zdjeli pomiješajte brašno, zob, sodu bikarbonu, tartar i đumbir. Utrljajte maslac ili margarin dok smjesa ne podsjeća na krušne mrvice. Umiješajte šećer. Smjesu čvrsto utisnite u podmazan kalup za torte (tepsiju) veličine 35 x 23 cm/14 x 9 i pecite u prethodno zagrijanoj pećnici na 160°C/325°F/plin oznaka 3 30 minuta dok ne porumeni. Još toplo izrežite na kvadrate i ostavite u kalupu da se potpuno ohladi.

Medenjak od naranče

Za jednu tortu od 23 cm/9

450 g/1 lb/4 šalice glatkog (višenamjenskog) brašna

5 ml/1 žličica mljevenog cimeta

2,5 ml/½ žličice mljevenog đumbira

2,5 ml/½ žličice sode bikarbone (soda bikarbona)

175 g/6 oz/2/3 šalice maslaca ili margarina

175 g/6 oz/2/3 šalice sitnog (superfinog) šećera

75 g/3 oz/½ šalice glacé (kandirane) narančine korice, nasjeckane

Naribana korica i sok ½ velike naranče

175 g/6 oz/½ šalice zlatnog (svijetlog kukuruznog) sirupa, zagrijanog

2 jaja, lagano tučena

Malo mlijeka

Pomiješajte brašno, začine i sodu bikarbonu, pa utrljajte maslac ili margarin dok smjesa ne bude poput krušnih mrvica. Umiješajte šećer, narančinu koricu i koricu pa u sredini napravite udubinu. Umiješajte sok od naranče i zagrijani sirup, zatim umiješajte jaja dok ne dobijete mekanu, padajuću konzistenciju, dodajući malo mlijeka ako je potrebno. Dobro istucite, zatim žlicom ulijte u podmazan četvrtasti kalup za tortu (tepsiju) veličine 23 cm/9 i pecite u prethodno zagrijanoj pećnici na 160°C/325°F/plinska oznaka 3 1 sat dok dobro ne naraste i postane elastičan na dodir.

Ljepljivi medenjak

Za jednu tortu od 25 cm/10

275 g/10 oz/2½ šalice glatkog (višenamjenskog) brašna

10 ml/2 žličice mljevenog cimeta

5 ml/1 žličica sode bikarbone (soda bikarbona)

100 g/4 oz/½ šalice maslaca ili margarina

175 g/6 oz/½ šalice zlatnog (svijetlog kukuruznog) sirupa

175 g/6 oz/½ šalice crnog melase (melase)

100 g/4 oz/½ šalice mekog smeđeg šećera

2 jaja, istučena

150 ml/¼ pt/2/3 šalice vruće vode

Pomiješajte brašno, cimet i sodu bikarbonu. Otopiti maslac ili margarin sa sirupom, melasom i šećerom i uliti u suhe sastojke. Dodajte jaja i vodu i dobro promiješajte. Izliti u podmazan i obložen četvrtast kalup (tepsiju) veličine 25 cm/10. Pecite u prethodno zagrijanoj pećnici na 180°C/350°F/plinska oznaka 4 40-45 minuta dok dobro ne naraste i postane elastičan na dodir.

Medenjaci od cjelovitog brašna

Za jednu tortu od 18 cm/7

100 g/4 oz/1 šalica glatkog (višenamjenskog) brašna

100 g/4 oz/1 šalica integralnog (cjelovitog) brašna

50 g/2 oz/¼ šalice mekog smeđeg šećera

50 g/2 oz/1/3 šalice sultanije (zlatne grožđice)

10 ml/2 žličice mljevenog đumbira

5 ml/1 žličica mljevenog cimeta

5 ml/1 žličica sode bikarbone (soda bikarbona)

Prstohvat soli

100 g/4 oz/½ šalice maslaca ili margarina

30 ml/2 žlice zlatnog (svijetlog kukuruznog) sirupa

30 ml/2 žlice crnog melase (melase)

1 jaje, lagano tučeno

150 ml/¼ pt/2/3 šalice mlijeka

Pomiješajte suhe sastojke. Otopite maslac ili margarin sa sirupom i melasom pa umiješajte u suhe sastojke s jajetom i mlijekom. Žlicom stavljajte u podmazan i obložen kalup za torte (tepsiju) 18 cm/7 i pecite u prethodno zagrijanoj pećnici na 160°C/325°F/plinska oznaka 3 1 sat dok ne postane elastičan na dodir.

Kolač od meda i badema

Za jednu tortu od 20 cm/8

250 g/9 oz mrkve, naribane

65 g/2½ oz badema, sitno nasjeckanih

2 jaja

100 g/4 oz/1/3 šalice bistrog meda

60 ml/4 žlice ulja

150 ml/¼ pt/2/3 šalice mlijeka

100 g/4 oz/1 šalica integralnog (cjelovitog) brašna

25 g/1 oz/¼ šalice glatkog (višenamjenskog) brašna

10 ml/2 žličice mljevenog cimeta

2,5 ml/½ žličice sode bikarbone (soda bikarbona)

Prstohvat soli

Glacé glazura od limuna

Nekoliko listića (narezanih) badema za ukrašavanje

Pomiješajte mrkvu i orahe. U posebnoj zdjeli umutite jaja pa umiješajte med, ulje i mlijeko. Umiješajte mrkvu i orahe, zatim umiješajte suhe sastojke. Žlicom stavljajte u podmazan i obložen kalup za torte (tepsiju) veličine 20 cm/8 i pecite u prethodno zagrijanoj pećnici na 150°C/300°F/plinska oznaka 2 1–1¼ sata dok dobro ne naraste i postane elastičan na dodir. Ostavite da se ohladi u kalupu prije nego što ga izvadite. Prelijte glazurom od limuna, a zatim ukrasite listićima badema.

Kolač s limunom

Za jednu tortu od 18 cm/7

100 g/4 oz/½ šalice maslaca ili margarina, omekšalog

100 g/4 oz/½ šalice sitnog (superfinog) šećera

2 jaja

100 g/4 oz/1 šalica glatkog (višenamjenskog) brašna

50 g/2 oz/½ šalice mljevene riže

2,5 ml/½ žličice praška za pecivo

Naribana korica i sok od 1 limuna

100 g/4 oz/2/3 šalice šećera u prahu (poslastičarskog), prosijanog

Miksajte maslac ili margarin i šećer dok ne postane svijetlo i pjenasto. Umiješajte jaja jedno po jedno, dobro umutite nakon svakog dodavanja. Pomiješajte brašno, mljevenu rižu, prašak za pecivo i limunovu koricu, pa umiješajte u smjesu. Žlicom stavljajte u podmazan i obložen kalup za torte (tepsiju) 18 cm/7 i pecite u prethodno zagrijanoj pećnici na 180°C/350°F/plinska oznaka 4 1 sat dok ne postane elastičan na dodir. Izvaditi iz kalupa i ostaviti da se ohladi.

Pomiješajte šećer u prahu s malo limunovog soka dok ne postane glatko. Žlicom preliti kolač i ostaviti da se stegne.

Prsten za ledeni čaj

Poslužuje 4–6

150 ml/¼ pt/2/3 šalice toplog mlijeka

2,5 ml/½ žličice suhog kvasca

25 g/1 oz/2 žlice sitnog (superfinog) šećera

25 g/1 oz/2 žlice maslaca ili margarina

225 g/8 oz/2 šalice oštrog glatkog brašna (za kruh).

1 umućeno jaje Za nadjev:

50 g/2 oz/¼ šalice maslaca ili margarina, omekšalog

50 g/2 oz/¼ šalice mljevenih badema

50 g/2 oz/¼ šalice mekog smeđeg šećera

Za preljev:
100 g/4 oz/2/3 šalice šećera u prahu (poslastičarskog), prosijanog

15 ml/1 žlica tople vode

30 ml/2 žlice narezanih (narezanih) badema

Ulijte mlijeko u kvasac i šećer i promiješajte. Ostavite na toplom mjestu dok se ne zapjeni. Maslac ili margarin utrljajte u brašno. Umiješajte smjesu kvasca i jaje i dobro umutite. Pokrijte zdjelu nauljenom prozirnom folijom (plastičnom folijom) i ostavite na toplom mjestu 1 sat. Ponovno premijesite, zatim oblikujte pravokutnik veličine oko 30 x 23 cm. Tijesto premažite maslacem ili margarinom za nadjev i pospite mljevenim bademima i šećerom. Smotajte u dugačku kobasicu i oblikujte prsten, a rubove zalijepite s malo vode. Odrežite dvije trećine rolade u razmacima od oko 3 cm/1½ i stavite na podmazan lim za pečenje (kolačiće). Ostavite na toplom mjestu 20 minuta. Pecite u prethodno zagrijanoj pećnici na 200°C/425°F/plin 7 15 minuta. Smanjite temperaturu pećnice na 180°C/350°F/plin 4 daljnjih 15 minuta.

U međuvremenu pomiješajte šećer u prahu i vodu kako biste napravili glacé glazuru. Kad se ohladi premažite tortu i ukrasite listićima badema.

Lardy kolač

Za tortu veličine 23 x 18 cm/9 x 7 komada

15 g/½ oz svježeg kvasca ili 20 ml/4 žličice suhog kvasca

5 ml/1 žličica sitnog (superfinog) šećera

300 ml/½ pt/1¼ šalice tople vode

150 g/5 oz/2/3 šalice svinjske masti (smanjivac)

450 g/1 lb/4 šalice oštrog brašna (za kruh).

Prstohvat soli

100 g/4 oz/2/3 šalice sultanije (zlatne grožđice)

100 g/4 oz/2/3 šalice bistrog meda

Kvasac pomiješajte sa šećerom i malo tople vode i ostavite na toplom 20 minuta dok ne postane pjenast.

Utrljajte 25 g/1 oz/2 žlice masti u brašno i sol i napravite udubinu u sredini. Ulijte smjesu kvasca i preostalu toplu vodu i zamijesite čvrsto tijesto. Mijesite dok ne postane glatko i elastično. Stavite u nauljenu zdjelu, prekrijte nauljenom prozirnom folijom (plastičnom folijom) i ostavite na toplom mjestu oko 1 sat dok se ne udvostruči.

Preostalu mast narežite na kockice. Ponovno premijesite tijesto, zatim ga razvaljajte u pravokutnik veličine oko 35 x 23 cm/14 x 9 in. Pokrijte gornje dvije trećine tijesta s jednom trećinom svinjske masti, jednom trećinom sultana i jednom četvrtinom med. Preklopite običnu trećinu tijesta prema gore preko nadjeva, a zatim gornju trećinu preklopite prema dolje preko toga. Pritisnite rubove zajedno da se zatvore, a zatim okrenite tijesto za jednu četvrtinu tako da preklop bude s vaše lijeve strane. Razvaljajte i ponovite postupak još dva puta da potrošite svu mast i sultanije. Stavite na podmazan lim za pečenje (kolačiće) i na vrhu nožem iscrtajte križni uzorak. Pokrijte i ostavite na toplom mjestu 40 minuta.

Pecite u prethodno zagrijanoj pećnici na 220°C/425°F/plinska oznaka 7 40 minuta. Prelijte vrh preostalim medom, pa ostavite da se ohladi.

Kolač od kima

Za tortu veličine 23 x 18 cm/9 x 7 komada

450 g/1 lb Osnovno tijesto za bijeli kruh

175 g/6 oz/¾ šalice svinjske masti (maslina), narezane na komade

175 g/6 oz/¾ šalice sitnog (superfinog) šećera

15 ml/1 žlica sjemenki kima

Pripremite tijesto, zatim ga razvaljajte na lagano pobrašnjenoj površini u pravokutnik veličine oko 35 x 23 cm/14 x 9 in. Gornje dvije trećine tijesta išarajte polovicom svinjske masti i polovicom šećera, a zatim preklopite ravninu trećinu tijesta i preklopite gornju trećinu preko toga. Okrenite tijesto za četvrtinu tako da preklop bude s vaše lijeve strane, zatim ga ponovno razvaljajte i na isti način pospite preostalom mašću i šećerom te sjemenkama kima. Ponovno preklopite, zatim oblikujte da stane u kalup za pečenje (tepsiju) i zarežite vrh u dijamantne oblike. Pokrijte nauljenom prozirnom folijom (plastičnom folijom) i ostavite na toplom mjestu oko 30 minuta dok se ne udvostruči.

Pecite u prethodno zagrijanoj pećnici na 200°C/400°F/plinska oznaka 6 1 sat. Ostavite da se hladi u kalupu 15 minuta da se masnoća upije u tijesto, zatim prevrnite na rešetku da se potpuno ohladi.

Mramorni kolač

Za jednu tortu od 20 cm/8

175 g/6 oz/¾ šalice maslaca ili margarina, omekšalog

175 g/6 oz/¾ šalice sitnog (superfinog) šećera

3 jaja, lagano tučena

225 g/8 oz/2 šalice samodizajućeg (samodizajućeg) brašna

Nekoliko kapi esencije badema (ekstrakt)

Nekoliko kapi zelene prehrambene boje

Nekoliko kapi crvene prehrambene boje

Miksajte maslac ili margarin i šećer dok ne postane svijetlo i pjenasto. Postupno umiješajte jaja, pa umiješajte brašno. Smjesu podijeliti na tri dijela. Dodajte esenciju badema u jednu trećinu, zelenu prehrambenu boju u jednu trećinu, a crvenu prehrambenu boju u preostalu trećinu. Velikim žlicama triju smjesa naizmjence stavljajte u podmazan i obložen kalup za torte (tepsiju) veličine 20 cm/8 i pecite u prethodno zagrijanoj pećnici na 180°C/350°F/plin oznaka 4 45 minuta dok dobro ne naraste i postane elastičan. dodir.

Lincolnshire slojevita torta

Za jednu tortu od 20 cm/8

175 g/6 oz/¾ šalice maslaca ili margarina

350 g/12 oz/3 šalice glatkog (višenamjenskog) brašna

Prstohvat soli

150 ml/¼ pt/2/3 šalice mlijeka

15 ml/1 žlica suhog kvasca Za nadjev:

225 g/8 oz/11/3 šalice sultanki (zlatne grožđice)

225 g/8 oz/1 šalica mekog smeđeg šećera

25 g/1 oz/2 žlice maslaca ili margarina

2,5 ml/½ žličice mljevene pimente

1 jaje, odvojeno

Polovicu maslaca ili margarina utrljajte u brašno i sol dok smjesa ne bude poput krušnih mrvica. Preostali maslac ili margarin zagrijte s mlijekom dok se ne zagrije, pa malo umiješajte u tijesto s kvascem. Smjesu kvasca i preostalo mlijeko i maslac umiješajte u smjesu brašna i zamijesite mekano tijesto. Stavite u nauljenu zdjelu, poklopite i ostavite na toplom oko 1 sat dok se ne udvostruči. Za to vrijeme sve sastojke za nadjev osim bjelanjka staviti u tavu na laganu vatru i ostaviti dok se ne otopi.

Četvrtinu tijesta razvaljajte na 20 cm/8 u krug i namažite trećinom nadjeva. Ponoviti s preostalim količinama tijesta i nadjeva, na vrhu staviti krug od tijesta. Rubove premažite bjelanjkom i spojite. Pecite u prethodno zagrijanoj pećnici na 190°C/375°F/plinska oznaka 5 20 minuta. Premažite vrh bjelanjkom, a zatim vratite u pećnicu na dodatnih 30 minuta dok ne porumeni.

Kolač od štruce

Pravi kolač od 900 g/2 lb

175 g/6 oz/¾ šalice maslaca ili margarina, omekšalog

275 g/10 oz/1¼ šalice sitnog (vrlo finog) šećera

Naribana korica i sok od ½ limuna

120 ml/4 fl oz/½ šalice mlijeka

275 g/10 oz/2¼ šalice samodizajućeg (samodizajućeg) brašna

5 ml/1 žličica soli

5 ml/1 žličica praška za pecivo

3 jaja

Šećer u prahu (slastičarski), prosijani, za posipanje

Pomiješajte maslac ili margarin, šećer i koricu limuna dok ne postane svijetlo i pjenasto. Umiješajte limunov sok i mlijeko, zatim umiješajte brašno, sol i prašak za pecivo i miješajte dok ne postane glatko. Postupno dodajte jaja, dobro umutiti nakon svakog dodavanja. Žlicom stavite smjesu u podmazan i obložen kalup za kruh (tepsiju) od 900 g/2 lb i pecite u prethodno zagrijanoj pećnici na 150°F/300°F/plinska oznaka 2 1¼ sata dok ne postane elastičan na dodir. Ostavite da se ohladi u limu 10 minuta prije nego što ga okrenete da se dovrši hlađenje na rešetku. Poslužite posipano šećerom u prahu.

Kolač od marmelade

Za jednu tortu od 18 cm/7

175 g/6 oz/¾ šalice maslaca ili margarina, omekšalog

175 g/6 oz/¾ šalice sitnog (superfinog) šećera

3 jaja, odvojena

300 g/10 oz/2½ šalice samodizajućeg (samodizajućeg) brašna

45 ml/3 žlice guste marmelade

50 g/2 oz/1/3 šalice nasjeckane miješane (ušećerene) kore

Naribana korica 1 naranče

45 ml/3 žlice vode

Za glazuru (glazuru):

100 g/4 oz/2/3 šalice šećera u prahu (poslastičarskog), prosijanog

Sok od 1 naranče

Nekoliko kriški kristalizirane (ušećerene) naranče

Miksajte maslac ili margarin i šećer dok ne postane svijetlo i pjenasto. Postupno umiješajte žumanjke, zatim 15 ml/1 žlica brašna. Umiješajte marmeladu, pomiješane kore, narančine korice i vodu, pa umiješajte preostalo brašno. Od bjelanjaka umutite čvrsti snijeg pa ga metalnom žlicom umiješajte u smjesu. Žlicom stavljajte u podmazan i obložen kalup za torte (tepsiju) veličine 18 cm/7 i pecite u prethodno zagrijanoj pećnici na 180°C/350°F/plinska oznaka 4 1¼ sata dok dobro ne naraste i postane elastičan na dodir. Ostavite da se hladi u kalupu 5 minuta, zatim preokrenite na rešetku da se ohladi.

Da biste napravili glazuru, stavite šećer u prahu u posudu i napravite udubljenje u sredini. Postupno dodajte dovoljno soka od naranče da dobijete konzistenciju koja se maže. Žlicom prelijte tortu i stranice i ostavite da se stegne. Ukrasite kriškama kristalizirane naranče.

Kolač od maka

Za jednu tortu od 20 cm/8

250 ml/8 tečnih oz/1 šalica mlijeka

100 g/4 oz/1 šalica maka

225 g/8 oz/1 šalica maslaca ili margarina, omekšalog

225 g/8 oz/1 šalica mekog smeđeg šećera

3 jaja, odvojena

100 g/4 oz/1 šalica glatkog (višenamjenskog) brašna

100 g/4 oz/1 šalica integralnog (cjelovitog) brašna

5 ml/1 žličica praška za pecivo

Zakuhajte mlijeko u maloj posudi s makom pa maknite s vatre, poklopite i ostavite da se kuha 30 minuta. Miksajte maslac ili margarin i šećer dok ne postane blijedo i pjenasto. Postupno umiješajte žumanjke pa umiješajte brašno i prašak za pecivo. Umiješajte mak i mlijeko. Od bjelanjaka umutite čvrsti snijeg pa ga metalnom žlicom umiješajte u smjesu. Žlicom stavljajte u podmazan i obložen kalup za torte (tepsiju) veličine 20 cm/8 i pecite u prethodno zagrijanoj pećnici na 180°C/350°F/plinska oznaka 4 1 sat dok ražanj umetnut u sredinu ne izađe čist. Ostavite da se hladi u kalupu 10 minuta prije nego što ga okrenete da se dovrši hlađenje na rešetki.

Obični kolač od jogurta

Za jednu tortu od 23 cm/9

150 g/5 oz običnog jogurta

150 ml/¼ pt/2/3 šalice ulja

225 g/8 oz/1 šalica sitnog (superfinog) šećera

225 g/8 oz/2 šalice samodizajućeg (samodizajućeg) brašna

10 ml/2 žličice praška za pecivo

2 jaja, istučena

Pomiješajte sve sastojke dok ne postanu glatki, a zatim žlicom izlijte u podmazan i obložen kalup za torte (tepsiju) veličine 23 cm/9. Pecite u prethodno zagrijanoj pećnici na 160°C/325°F/plinska oznaka 3 1¼ sata dok ne postane elastično na dodir. Ostaviti da se ohladi u plehu.

Kolač od suhih šljiva i kreme

Za jednu tortu od 23 cm/9

Za nadjev:

150 g/5 oz/2/3 šalice suhih šljiva bez koštica, grubo nasjeckanih

120 ml/4 fl oz/½ šalice soka od naranče

50 g/2 oz/¼ šalice sitnog (superfinog) šećera

30 ml/2 žlice kukuruznog brašna (kukuruzni škrob)

175 ml/6 tečnih oz/¾ šalice mlijeka

2 žumanjka

Sitno naribana korica 1 naranče

Za tortu:

175 g/6 oz/¾ šalice maslaca ili margarina, omekšalog

225 g/8 oz/1 šalica sitnog (superfinog) šećera

3 jaja, lagano tučena

200 g/7 oz/1¾ šalice glatkog (višenamjenskog) brašna

10 ml/2 žličice praška za pecivo

2,5 ml/½ žličice naribanog muškatnog oraščića

75 ml/5 žlica soka od naranče

Prvo napravite nadjev. Suhe šljive namačite u soku od naranče najmanje dva sata.

Pomiješajte šećer i kukuruzno brašno u pastu s malo mlijeka. Preostalo mlijeko zakuhajte u šerpi. Prelijte šećerom i kukuruznim brašnom i dobro sjedinite pa vratite u ispranu posudu i umiješajte žumanjke. Dodajte narančinu koricu i miješajte na vrlo laganoj vatri dok se ne zgusne, ali ne dopustite da krema zavrije. Posudu stavite u zdjelu s hladnom vodom i povremeno miješajte kremu dok se hladi.

Za izradu kolača, umutite maslac ili margarin i šećer dok ne postane svijetlo i pjenasto. Postupno umiješajte jaja, zatim dodajte brašno, prašak za pecivo i muškatni oraščić naizmjenično sa sokom od naranče. Žlicom stavite pola tijesta u podmazan kalup za torte (tepsiju) veličine 23 cm/9, zatim premažite kremom po vrhu, ostavljajući razmak oko ruba. Žlicom rasporedite suhe šljive i sok koji se natopio preko kreme, a zatim prekrijte preostalom smjesom za kolače, pazeći da smjesa za kolače zatvori nadjev sa strane i da nadjev bude potpuno prekriven. Pecite u prethodno zagrijanoj pećnici na 200°C/400°F/plinska oznaka 6 35 minuta dok ne porumene i ne počnu se skupljati sa stijenki lima. Ostavite da se ohladi u kalupu prije nego što ga izvadite.

Kolač s malinama i glazurom od čokolade

Za jednu tortu od 20 cm/8

175 g/6 oz/¾ šalice maslaca ili margarina, omekšalog

175 g/6 oz/¾ šalice sitnog (superfinog) šećera

3 jaja, lagano tučena

225 g/8 oz/2 šalice samodizajućeg (samodizajućeg) brašna

100 g/4 oz malina Za glazuru (glazuru) i dekoraciju:

Glazura od maslaca od bijele čokolade

100 g/4 oz/1 šalica obične (poluslatke) čokolade

Miksajte maslac ili margarin i šećer dok ne postane svijetlo i pjenasto. Postupno umiješajte jaja, pa umiješajte brašno. Pasirajte maline, pa protrljajte kroz cjedilo (cijedilo) da uklonite koštice. Pire umiješajte u smjesu za kolače, samo da prođe kroz smjesu i da se ne umiješa. Žlicom stavite u namašćen i obložen kalup (tepsiju) veličine 20 cm/8 i pecite u prethodno zagrijanoj pećnici na 180°C/350° F/ gas oznaka 4 45 minuta dok se dobro ne digne i postane elastičan na dodir. Prebacite na rešetku da se ohladi.

Premažite tortu glazurom od maslaca i vilicom nahrapavite površinu. Otopite čokoladu u zdjeli otpornoj na toplinu postavljenoj iznad posude s vodom koja lagano ključa. Rasporedite po limu za pečenje (kolačiće) i ostavite dok se skoro ne stegne. Oštrim nožem zagrebite po čokoladi kako biste napravili kovrče. Koristiti za ukrašavanje vrha torte.

Kolač od pijeska

Za jednu tortu od 20 cm/8

75 g/3 oz/1/3 šalice maslaca ili margarina, omekšalog

75 g/3 oz/1/3 šalice sitnog (superfinog) šećera

2 jaja, lagano tučena

100 g/4 oz/1 šalica kukuruznog brašna (kukuruzni škrob)

25 g/1 oz/¼ šalice glatkog (višenamjenskog) brašna

5 ml/1 žličica praška za pecivo

50 g/2 oz/½ šalice sjeckanih miješanih orašastih plodova

Miksajte maslac ili margarin i šećer dok ne postane svijetlo i pjenasto. Postupno umiješajte jaja, zatim dodajte kukuruzno brašno, brašno i prašak za pecivo. Žlicom izlijte smjesu u podmazan četvrtasti kalup (tepsiju) veličine 20 cm/8 cm i pospite nasjeckanim orasima. Pecite u prethodno zagrijanoj pećnici na 180°C/350°F/plinska oznaka 4 1 sat dok ne postane elastično na dodir.

Kolač sa sjemenkama

Za jednu tortu od 18 cm/7

100 g/4 oz/½ šalice maslaca ili margarina, omekšalog

100 g/4 oz/½ šalice sitnog (superfinog) šećera

2 jaja, lagano tučena

225 g/8 oz/2 šalice glatkog (višenamjenskog) brašna

25 g/1 oz/¼ šalice sjemenki kima

5 ml/1 žličica praška za pecivo

Prstohvat soli

45 ml/3 žlice mlijeka

Miksajte maslac ili margarin i šećer dok ne postane svijetlo i pjenasto. Postupno umiješajte jaja, zatim dodajte brašno, kim, prašak za pecivo i sol. Umiješajte dovoljno mlijeka da dobijete gustoću. Žlicom stavljajte u podmazan i obložen kalup za tortu (tepsiju) veličine 18 cm/7 i pecite u prethodno zagrijanoj pećnici na 200°C/400°F/plinska oznaka 6 1 sat dok ne postane elastičan na dodir i počne se skupljati sa stijenki od kositra.

Začinjena torta od prstena

Čini jedan 23 cm/9 u prstenu

1 jabuka, oguljena, izrezana i naribana

30 ml/2 žlice soka od limuna

25 g/8 oz/1 šalica mekog smeđeg šećera

5 ml/1 žličica mljevenog đumbira

5 ml/1 žličica mljevenog cimeta

2,5 ml/½ žličice mljevene mješavine začina (pita od jabuka).

225 g/8 oz/2/3 šalice zlatnog (svijetlog kukuruznog) sirupa

250 ml/8 tečnih oz/1 šalica ulja

10 ml/2 žličice praška za pecivo

400 g/14 oz/3½ šalice glatkog (višenamjenskog) brašna

10 ml/2 žličice sode bikarbone (soda bikarbona)

250 ml/8 tečnih oz/1 šalica toplog jakog čaja

1 jaje, tučeno

Šećer u prahu (slastičarski), prosijani, za posipanje

Pomiješajte sok od jabuke i limuna. Umiješajte šećer i začine, zatim sirup i ulje. U brašno dodati prašak za pecivo, a u vrući čaj dodati sodu bikarbonu. Naizmjenično ih umiješajte u smjesu, a zatim umiješajte jaje. Žlicom stavljajte u podmazan i obložen duboki obruč kalup (tepsiju) veličine 23 cm/9 i pecite u prethodno zagrijanoj pećnici na 180°C/350°F/plinska oznaka 4 1 sat dok ne postane elastičan na dodir. Ostavite da se hladi u kalupu 10 minuta, zatim preokrenite na rešetku da se ohladi. Poslužite posipano šećerom u prahu.

Začinjeni slojeviti kolač

Za jednu tortu od 23 cm/9

100 g/4 oz/½ šalice maslaca ili margarina, omekšalog

100 g/4 oz/½ šalice granuliranog šećera

100 g/4 oz/½ šalice mekog smeđeg šećera

2 jaja, istučena

175 g/6 oz/1½ šalice glatkog (višenamjenskog) brašna

5 ml/1 žličica praška za pecivo

5 ml/1 žličica mljevenog cimeta

2,5 ml/½ žličice sode bikarbone (soda bikarbona)

2,5 ml/½ žličice mljevene mješavine začina (pita od jabuka).

Prstohvat soli

200 ml/7 tečnih oz/nedovoljno 1 šalica evaporiranog mlijeka u limenci

Glazura od limunovog maslaca

Miksajte maslac ili margarin i šećer dok ne postane svijetlo i pjenasto. Postupno umiješajte jaja, zatim umiješajte suhe sastojke i evaporirano mlijeko i pomiješajte u glatku smjesu. Žlicom rasporedite u dva namašćena i obložena kalupa (tepsije) veličine 23 cm/9 i pecite u prethodno zagrijanoj pećnici na 180°C/350°F/plin oznaka 4 30 minuta dok ne postane elastičan na dodir. Ostavite da se ohladi, a zatim sendvič zajedno s glazurom od limunovog maslaca.

Kolač od šećera i cimeta

Za jednu tortu od 23 cm/9

175 g/6 oz/1½ šalice samodizajućeg (samodizajućeg) brašna

10 ml/2 žličice praška za pecivo

Prstohvat soli

175 g/6 oz/¾ šalice sitnog (superfinog) šećera

50 g/2 oz/¼ šalice maslaca ili margarina, otopljenog

1 jaje, lagano tučeno

120 ml/4 fl oz/½ šalice mlijeka

2,5 ml/½ žličice esencije vanilije (ekstrakt)

Za preljev:
50 g/2 oz/¼ šalice maslaca ili margarina, otopljenog

50 g/2 oz/¼ šalice mekog smeđeg šećera

2,5 ml/½ žličice mljevenog cimeta

Pomiješajte sve sastojke za kolač dok ne postane glatka i dobro izmiješana. Žlicom stavite u podmazan kalup za tortu (tepsiju) veličine 23 cm/9 i pecite u prethodno zagrijanoj pećnici na 180°C/350°F/plinska oznaka 4 25 minuta dok ne porumeni. Topli kolač premažite maslacem. Pomiješajte šećer i cimet i pospite po vrhu. Kolač vratite u pećnicu na još 5 minuta.

Viktorijanska čajna torta

Za jednu tortu od 20 cm/8

225 g/8 oz/1 šalica maslaca ili margarina, omekšalog

225 g/8 oz/1 šalica sitnog (superfinog) šećera

225 g/8 oz/2 šalice samodizajućeg (samodizajućeg) brašna

25 g/1 oz/¼ šalice kukuruznog brašna (kukuruzni škrob)

30 ml/2 žlice sjemenki kima

5 jaja, odvojenih

Šećer u prahu za posipanje

Miksajte maslac ili margarin i šećer dok ne postane blijedo i pjenasto. Umiješajte brašno, kukuruzno brašno i sjemenke kima. Istucite žumanjke, pa ih umiješajte u smjesu. Od bjelanjaka umutiti čvrsti snijeg, pa ga metalnom žlicom lagano umiješati u smjesu. Žlicom stavite namašćen i obložen kalup za torte (tepsiju) veličine 20 cm/8 i pospite šećerom. Pecite u prethodno zagrijanoj pećnici na 180°C/350°F/plinska oznaka 4 1½ sat dok ne porumene i počnu se skupljati od stijenki lima.

Voćna torta sve u jednom

Za jednu tortu od 20 cm/8

175 g/6 oz/¾ šalice maslaca ili margarina, omekšalog

175 g/6 oz/¾ šalice mekog smeđeg šećera

3 jaja

15 ml/1 žlica zlatnog (svijetlog kukuruznog) sirupa

100 g/4 oz/½ šalice glacé (kandiranih) višanja

100 g/4 oz/2/3 šalice sultanije (zlatne grožđice)

100 g/4 oz/2/3 šalice grožđica

225 g/8 oz/2 šalice samodizajućeg (samodizajućeg) brašna

10 ml/2 žličice mljevene mješavine začina (pita od jabuka).

Sve sastojke stavite u zdjelu i miksajte dok se dobro ne sjedine ili ih izmiješajte u procesoru hrane. Žlicom stavljajte u podmazan i obložen kalup za tortu (tepsiju) veličine 20 cm/8 i pecite u prethodno zagrijanoj pećnici na 160°C/325°F/plinska oznaka 3 1 i pol sata dok ražanj umetnut u sredinu ne izađe čist. Ostavite u kalupu 5 minuta, zatim preokrenite na rešetku da se ohladi.

Sve u jednom pan voćni kolač

Za jednu tortu od 20 cm/8

350 g/12 oz/2 šalice miješanog suhog voća (mješavina za voćni kolač)

100 g/4 oz/½ šalice maslaca ili margarina

100 g/4 oz/½ šalice mekog smeđeg šećera

150 ml/¼ pt/2/3 šalice vode

2 velika jaja, istučena

225 g/8 oz/2 šalice samodizajućeg (samodizajućeg) brašna

5 ml/1 žličica mljevene mješavine začina (pita od jabuka).

U šerpu stavite voće, maslac ili margarin, šećer i vodu, zakuhajte pa lagano kuhajte 15 minuta. Ostaviti da se ohladi. Umiješajte žlice jaja naizmjenično s brašnom i miješanim začinima i dobro promiješajte. Žlicom stavljajte u podmazan kalup za tortu (tepsiju) veličine 20 cm/8 i pecite u prethodno zagrijanoj pećnici na 140°C/275°F/plinska oznaka 1 1–1½ sat dok ražnjić umetnut u sredinu ne izađe čist.

Australski voćni kolač

Pravi kolač od 900 g/2 lb

100 g/4 oz/½ šalice maslaca ili margarina

225 g/8 oz/1 šalica mekog smeđeg šećera

250 ml/8 tečnih oz/1 šalica vode

350 g/12 oz/2 šalice miješanog suhog voća (mješavina za voćni kolač)

5 ml/1 žličica sode bikarbone (soda bikarbona)

10 ml/2 žličice mljevene mješavine začina (pita od jabuka).

5 ml/1 žličica mljevenog đumbira

100 g/4 oz/1 šalica samodizajućeg (samodizajućeg) brašna

100 g/4 oz/1 šalica glatkog (višenamjenskog) brašna

1 jaje, tučeno

Sve sastojke osim brašna i jaja prokuhajte u tavi. Maknite s vatre i ostavite da se ohladi. Umiješajte brašno i jaje. Stavite smjesu u podmazan i obložen kalup za kruh (tepsiju) od 900 g/2 lb i pecite u prethodno zagrijanoj pećnici na 160°C/325°F/plinska oznaka 3 1 sat dok se dobro ne digne i dok se ne pojavi ražanj u sredini van čisto.

Američki bogati kolač

Za jednu tortu od 25 cm/10

225 g/8 oz/1 1/3 šalice ribiza

100 g/4 oz/1 šalica blanširanih badema

15 ml/1 žlica vode od cvijeta naranče

45 ml/3 žlice suhog šerija

1 veliki žumanjak

2 jaja

350 g/12 oz/1½ šalice maslaca ili margarina, omekšalog

175 g/6 oz/¾ šalice sitnog (superfinog) šećera

Prstohvat mljevene mace

Prstohvat mljevenog cimeta

Prstohvat mljevenog klinčića

Prstohvat mljevenog đumbira

Prstohvat naribanog muškatnog oraščića

30 ml/2 žlice rakije

225 g/8 oz/2 šalice glatkog (višenamjenskog) brašna

50 g/2 oz/½ šalice nasjeckane miješane (ušećerene) kore

Ribiz potopite u vruću vodu 15 minuta, zatim dobro ocijedite. Sameljite bademe s vodom od narančinog cvijeta i 15 ml/1 žlicom šerija dok ne budu fini. Istucite žumanjak i jaja. Pjenasto izmiješajte maslac ili margarin i šećer, zatim umiješajte smjesu od badema i jaja i tucite dok ne pobijeli i postane gusto. Dodajte začine, preostali sherry i brandy. Umiješajte brašno pa umiješajte ribizle i izmiješane kore. Žlicom stavljajte u podmazan kalup za tortu od 25 cm/10 i pecite u prethodno zagrijanoj pećnici na

180°C/350°F/plinska oznaka 4 oko 1 sat dok ražanj umetnut u sredinu ne izađe čist.

Voćni kolač od rogača

Za jednu tortu od 18 cm/7

450 g/1 lb/2 2/3 šalice grožđica

300 ml/½ pt/1¼ šalice soka od naranče

175 g/6 oz/¾ šalice maslaca ili margarina, omekšalog

3 jaja, lagano tučena

225 g/8 oz/2 šalice glatkog (višenamjenskog) brašna

75 g/3 oz/¾ šalice rogača u prahu

10 ml/2 žličice praška za pecivo

Naribana korica 2 naranče

50 g/2 oz/½ šalice nasjeckanih oraha

Grožđice namočite preko noći u soku od naranče. Miksajte maslac ili margarin i jaja dok ne postane glatko. Postupno umiješajte grožđice i sok od naranče te preostale sastojke. Žlicom stavite u podmazan i obložen kalup za tortu (tepsiju) veličine 18 cm/7 i pecite u prethodno zagrijanoj pećnici na 180°C/350°F/plinska oznaka 4 30 minuta, zatim smanjite temperaturu pećnice na 160°C/325° F/plin oznaka 3 daljnjih 1¼ sata dok ražanj umetnut u sredinu ne izađe čist. Ostavite da se ohladi u limu 10 minuta prije nego što ga okrenete na rešetku da se dovrši hlađenje.

Voćni kolač od kave

Za jednu tortu od 25 cm/10

450 g/1 lb/2 šalice sitnog (superfinog) šećera

450 g/1 lb/2 šalice datulja bez koštica, nasjeckanih

450 g/1 lb/22/3 šalice grožđica

450 g/1 lb/22/3 šalice sultanki (zlatne grožđice)

100 g/4 oz/½ šalice glacé (kandiranih) trešanja, nasjeckanih

100 g/4 oz/1 šalica nasjeckanih miješanih orašastih plodova

450 ml/¾ pt/2 šalice jake crne kave

120 ml/4 fl oz/½ šalice ulja

100 g/4 oz/1/3 šalice zlatnog (svijetlog kukuruznog) sirupa

10 ml/2 žličice mljevenog cimeta

5 ml/1 žličica naribanog muškatnog oraščića

Prstohvat soli

10 ml/2 žličice sode bikarbone (soda bikarbona)

15 ml/1 žlica vode

2 jaja, lagano tučena

450 g/1 lb/4 šalice glatkog (višenamjenskog) brašna

120 ml/4 fl oz/½ šalice šerija ili brendija

Zakuhajte sve sastojke osim sode bikarbone, vode, jaja, brašna i šerija ili brendija u tavi s gustom bazom. Kuhajte 5 minuta uz stalno miješanje, zatim maknite s vatre i ostavite da se ohladi.

Pomiješajte sodu bikarbonu s vodom i dodajte u voćnu smjesu s jajima i brašnom. Žlicom stavljajte u podmazan i obložen kalup za tortu (tepsiju) veličine 25 cm/10 i zavežite dupli sloj masnog (voštanog) papira oko vanjske strane da stoji iznad vrha kalupa.

Pecite u prethodno zagrijanoj pećnici na 160°C/325°F/plinska oznaka 3 1 sat. Smanjite temperaturu pećnice na 150°C/300°F/plinska oznaka 2 i pecite još 1 sat. Smanjite temperaturu pećnice na 140°C/275°F/plinska oznaka 1 i pecite treći sat. Ponovno smanjite temperaturu pećnice na 120°C/250°F/plinska oznaka ½ i pecite zadnjih sat vremena, pokrivajući vrh kolača masnim (voštanim) papirom ako počne previše tamniti. Kada je pečen, ražanj umetnut u sredinu izaći će čist i kolač će se početi skupljati od stijenki kalupa. Pospite šerijem ili brendijem i ostavite da se hladi u limu 15 minuta, a zatim preokrenite na rešetku da se ohladi.

Cornish Heavy Cake

Pravi kolač od 900 g/2 lb

350 g/12 oz/3 šalice glatkog (višenamjenskog) brašna

2,5 ml/½ žličice soli

175 g/6 oz/¾ šalice svinjske masti (maslina)

75 g/3 oz/1/3 šalice sitnog (superfinog) šećera

175 g/6 oz/1 šalica ribiza

Malo nasjeckane miješane (ušećerene) kore (po želji)

Oko 150 ml/¼ pt/2/3 šalice miješanog mlijeka i vode

1 jaje, tučeno

Stavite brašno i sol u zdjelu, zatim utrljajte mast dok smjesa ne nalikuje krušnim mrvicama. Umiješajte preostale suhe sastojke. Postupno dodajte toliko mlijeka i vode da dobijete čvrsto tijesto. Neće trebati puno. Razvaljajte na podmazan lim za pečenje (kolačiće) na oko 1 cm/½ debljine. Glazirati razmućenim jajetom. Vrhom noža nacrtajte križni uzorak na vrhu. Pecite u prethodno zagrijanoj pećnici na 160°C/325°F/plinska oznaka 3 oko 20 minuta dok ne porumene. Pustiti da se ohladi, pa rezati na kvadrate.

Kolač od ribiza

Za jednu tortu od 23 cm/9

225 g/8 oz/1 šalica maslaca ili margarina

300 g/11 oz/1½ šalice sitnog (vrlo finog) šećera

Prstohvat soli

100 ml/3½ fl oz/6½ žlica kipuće vode

3 jaja

400 g/14 oz/3½ šalice glatkog (višenamjenskog) brašna

175 g/6 oz/1 šalica ribiza

50 g/2 oz/½ šalice nasjeckane miješane (ušećerene) kore

100 ml/3½ tečne oz/6½ žlice hladne vode

15 ml/1 žlica praška za pecivo

U zdjelu stavite maslac ili margarin, šećer i sol, prelijte kipućom vodom i ostavite da odstoji dok ne omekša. Brzo tucite dok ne postane svijetlo i kremasto. Postupno dodajte jaja, pa umiješajte brašno, ribizle i miješane kore naizmjenično s hladnom vodom. Umiješajte prašak za pecivo. Žlicom stavite tijesto u podmazan kalup za torte (tepsiju) veličine 23 cm/9 i pecite u prethodno zagrijanoj pećnici na 180°C/350°F/plinska oznaka 4 30 minuta. Smanjite temperaturu pećnice na 150°C/300°F/plinska oznaka 2 i pecite još 40 minuta dok ražnjić umetnut u sredinu ne izađe čist. Ostavite da se hladi u kalupu 10 minuta prije nego što ga okrenete da se dovrši hlađenje na rešetki.

Kolač od tamnog voća

Za jednu tortu od 25 cm/10

225 g/8 oz/1 šalica nasjeckanog miješanog glacé (kandiranog) voća

350 g/12 oz/2 šalice datulja bez koštica, nasjeckanih

225 g/8 oz/11/3 šalice grožđica

225 g/8 oz/1 šalica glacé (kandiranih) trešanja, nasjeckanih

100 g/4 oz/½ šalice glacé (ušećerenog) ananasa, nasjeckanog

100 g/4 oz/1 šalica nasjeckanih miješanih orašastih plodova

225 g/8 oz/2 šalice glatkog (višenamjenskog) brašna

5 ml/1 žličica sode bikarbone (soda bikarbona)

5 ml/1 žličica mljevenog cimeta

2,5 ml/½ žličice pimenta

1,5 ml/¼ žličice mljevenih klinčića

1,5 ml/¼ žličice soli

225 g/8 oz/1 šalica svinjske masti (maslina)

225 g/8 oz/1 šalica mekog smeđeg šećera

3 jaja

175 g/6 oz/½ šalice crnog melase (melase)

2,5 ml/½ žličice esencije vanilije (ekstrakt)

120 ml/4 fl oz/½ šalice mlaćenice

Pomiješajte voće i orašaste plodove. Pomiješajte brašno, sodu bikarbonu, začine i sol te umiješajte 50 g/2 oz/ ½ šalice u voće. Pomiješajte mast i šećer dok ne postane svijetla i pjenasta. Postupno dodajte jaja, dobro umutiti nakon svakog dodavanja. Umiješajte melasu i aromu vanilije. Umiješajte mlaćenicu naizmjence s preostalom mješavinom brašna i tucite dok smjesa ne postane glatka. Umiješajte voće. Žlicom stavljajte u podmazan i obložen kalup za torte (tepsiju) veličine 25 cm/10 i pecite u prethodno zagrijanoj pećnici na 140°C/275°F/plinska oznaka 1 2½ sata dok ražanj umetnut u sredinu ne izađe čist. Ostavite da se hladi u kalupu 10 minuta, zatim preokrenite na rešetku da se ohladi.

Izreži i dođi opet torta

Za jednu tortu od 20 cm/8

275 g/10 oz/12/3 šalice miješanog suhog voća (mješavina za voćni kolač)

100 g/4 oz/½ šalice maslaca ili margarina

150 ml/¼ pt/2/3 šalice vode

1 jaje, tučeno

225 g/8 oz/2 šalice glatkog (višenamjenskog) brašna

Prstohvat soli

100 g/4 oz/½ šalice sitnog (superfinog) šećera

U šerpu stavite voće, puter ili margarin i vodu i pirjajte 20 minuta. Ostaviti da se ohladi. Dodajte jaje pa postupno umiješajte brašno, sol i šećer. Žlicom stavljajte u podmazan kalup za tortu (tepsiju) veličine 20 cm/8 i pecite u prethodno zagrijanoj pećnici na 160°C/325°F/plinska oznaka 3 1¼ sata dok ražnjić umetnut u sredinu ne izađe čist.

Dundee torta

Za jednu tortu od 20 cm/8

225 g/8 oz/1 šalica maslaca ili margarina, omekšalog

225 g/8 oz/1 šalica sitnog (superfinog) šećera

4 velika jaja

225 g/8 oz/2 šalice glatkog (višenamjenskog) brašna

Prstohvat soli

350 g/12 oz/2 šalice ribiza

350 g/12 oz/2 šalice sultana (zlatne grožđice)

175 g/6 oz/1 šalica nasjeckane miješane (ušećerene) kore

100 g/4 oz/1 šalica glacé (kandiranih) trešanja, na četvrtine

Naribana korica ½ limuna

50 g/2 oz cijelih badema, blanširanih

Miksajte maslac i šećer dok ne poblijede i posvijetle. Umutite jedno po jedno jaje, dobro tučeći između svakog dodavanja. Umiješajte brašno i sol. Umiješajte voće i limunovu koricu. Nasjeckajte pola badema i dodajte ih smjesi. Stavite žlicom u podmazan i obložen kalup za tortu (tepsiju) veličine 20 cm/8 i zavežite trakom smeđeg papira oko vanjske strane kalupa tako da bude oko 5 cm/2 viši od kalupa. Sačuvane bademe narežite i rasporedite u koncentrične krugove po vrhu torte. Pecite u prethodno zagrijanoj pećnici na 150°C/300°F/plinska oznaka 2 3½ sata dok ražanj umetnut u sredinu ne izađe čist. Provjerite nakon 2½ sata i ako kolač počne previše tamniti na vrhu, pokrijte ga vlažnim masnim (voštanim) papirom i smanjite temperaturu pećnice na 140°C/275°F/plinska oznaka 1 za zadnji sat pečenja.

Noćni voćni kolač bez jaja

Za jednu tortu od 20 cm/8

50 g/2 oz/¼ šalice maslaca ili margarina

225 g/8 oz/2 šalice samodizajućeg (samodizajućeg) brašna

5 ml/1 žličica sode bikarbone (soda bikarbona)

5 ml/1 žličica naribanog muškatnog oraščića

5 ml/1 žličica mljevene mješavine začina (pita od jabuka).

Prstohvat soli

225 g/8 oz/11/3 šalice miješanog suhog voća (mješavina za voćni kolač)

100 g/4 oz/½ šalice mekog smeđeg šećera

250 ml/8 tečnih oz/1 šalica mlijeka

Maslac ili margarin utrljajte u brašno, sodu bikarbonu, začine i sol dok smjesa ne bude poput krušnih mrvica. Pomiješajte voće i šećer, pa umiješajte mlijeko dok se svi sastojci dobro ne sjedine. Pokrijte i ostavite preko noći.

Žlicom stavite smjesu u podmazan i obložen kalup za torte (tepsiju) veličine 20 cm/8 i pecite u prethodno zagrijanoj pećnici na 180°C/350°F/plinska oznaka 4 1¾ sata dok ražanj umetnut u sredinu ne izađe čist.

Pouzdani voćni kolač

Za jednu tortu od 23 cm/9

225 g/8 oz/1 šalica maslaca ili margarina

200 g/7 oz/malo 1 šalica željenog (superfinog) šećera

175 g/6 oz/1 šalica ribiza

175 g/6 oz/1 šalica sultana (zlatne grožđice)

50 g/2 oz/½ šalice nasjeckane miješane (ušećerene) kore

75 g/3 oz/½ šalice datulja bez koštica, nasjeckanih

5 ml/1 žličica sode bikarbone (soda bikarbona)

200 ml/7 fl oz/malo 1 šalice vode

75 g/2 oz/¼ šalice glacé (kandiranih) trešanja, nasjeckanih

100 g/4 oz/1 šalica nasjeckanih miješanih orašastih plodova

60 ml/4 žlice rakije ili šerija

300 g/11 oz/2¾ šalice glatkog (višenamjenskog) brašna

5 ml/1 žličica praška za pecivo

Prstohvat soli

2 jaja, lagano tučena

Otopite maslac ili margarin pa umiješajte šećer, ribizle, sultanije, izmiksane kore i datulje. Pomiješajte sodu bikarbonu s malo vode i umiješajte u voćnu smjesu s preostalom vodom. Pustite da zakipi, pa lagano kuhajte 20 minuta uz povremeno miješanje. Pokrijte i ostavite stajati preko noći.

Namastite i obložite kalup za torte (tepsiju) od 23 cm/9 i zavežite duplim slojem masnog (voštanog) ili smeđeg papira da stoji iznad vrha kalupa. U smjesu umiješajte glacé višnje, orahe i brandy ili sherry, zatim umiješajte brašno, prašak za pecivo i sol. Umiješajte jaja. Žlicom stavite u pripremljeni kalup za torte i pecite u prethodno zagrijanoj pećnici na 160°C/325°F/plinska oznaka 3 1 sat. Smanjite temperaturu pećnice na 140°C/275°F/plinska oznaka 1 i pecite još 1 sat. Ponovno smanjite temperaturu pećnice na 120°C/250°F/plinska oznaka ½ i pecite još 1 sat dok ražnjić umetnut u sredinu ne izađe čist. Pokrijte vrh kolača krugom od masnog ili smeđeg papira pred kraj vremena pečenja ako se previše zapekao. Ostavite da se hladi u kalupu 30 minuta, zatim preokrenite na rešetku da se dovrši hlađenje.

Voćni kolač od đumbira

Za jednu tortu od 18 cm/7

100 g/4 oz/½ šalice maslaca ili margarina, omekšalog

100 g/4 oz/½ šalice sitnog (superfinog) šećera

2 jaja, lagano tučena

30 ml/2 žlice mlijeka

225 g/8 oz/2 šalice samodizajućeg (samodizajućeg) brašna

5 ml/1 žličica praška za pecivo

10 ml/2 žličice mljevene mješavine začina (pita od jabuka).

5 ml/1 žličica mljevenog đumbira

100 g/4 oz/2/3 šalice grožđica

100 g/4 oz/2/3 šalice sultanije (zlatne grožđice)

Miksajte maslac ili margarin i šećer dok ne postane svijetlo i pjenasto. Postupno umiješajte jaja i mlijeko, zatim dodajte brašno, prašak za pecivo i začine, pa voće. Žlicom stavite smjesu u podmazan i obložen kalup za torte (tepsiju) 18 cm/7 i pecite u prethodno zagrijanoj pećnici na 160°C/325°F/plinska oznaka 3 1¼ sata dok dobro ne naraste i ne porumeni.

Voćna torta od meda na farmi

Za jednu tortu od 20 cm/8

175 g/6 oz/2/3 šalice maslaca ili margarina, omekšalog

175 g/6 oz/½ šalice bistrog meda

Naribana korica 1 limuna

3 jaja, lagano tučena

225 g/8 oz/2 šalice integralnog (cjelovitog) brašna

10 ml/2 žličice praška za pecivo

5 ml/1 žličica mljevene mješavine začina (pita od jabuka).

100 g/4 oz/2/3 šalice grožđica

100 g/4 oz/2/3 šalice sultanije (zlatne grožđice)

100 g/4 oz/2/3 šalice ribiza

50 g/2 oz/1/3 šalice gotovih suhih marelica, nasjeckanih

50 g/2 oz/1/3 šalice nasjeckane miješane (ušećerene) kore

25 g/1 oz/¼ šalice mljevenih badema

25 g/1 oz/¼ šalice badema

Kremom izradite maslac ili margarin, med i limunovu koricu dok ne postane svijetlo i pjenasto. Postupno dodavati jaja, pa brašno, prašak za pecivo i pomiješane začine. Umiješajte voće i mljevene bademe. Žlicom stavljati u podmazan i obložen kalup za torte (tepsiju) veličine 20 cm/8 i napraviti malu udubinu u sredini. Rasporedite bademe oko gornjeg ruba torte. Pecite u prethodno zagrijanoj pećnici na 160°C/325°F/plinska oznaka 3 2–2½ sata dok ražanj umetnut u sredinu ne izađe čist. Pokrijte vrh kolača masnim (voštanim) papirom pred kraj vremena pečenja ako se previše zapeče. Ostavite da se ohladi u limu 10 minuta prije nego što ga okrenete na rešetku da se dovrši hlađenje.

Genovska torta

Za jednu tortu od 23 cm/9

225 g/8 oz/1 šalica maslaca ili margarina, omekšalog

100 g/4 oz/½ šalice sitnog (superfinog) šećera

4 jaja, odvojena

5 ml/1 žličica esencije badema (ekstrakt)

5 ml/1 žličica naribane narančine korice

225 g/8 oz/11/3 šalice grožđica, nasjeckanih

100 g/4 oz/2/3 šalice ribiza, nasjeckanog

100 g/4 oz/2/3 šalice sultanije (zlatne grožđice), nasjeckane

50 g/2 oz/¼ šalice glacé (ušećerenih) trešanja, nasjeckanih

50 g/2 oz/1/3 šalice nasjeckane miješane (ušećerene) kore

100 g/4 oz/1 šalica mljevenih badema

25 g/1 oz/¼ šalice badema

350 g/12 oz/3 šalice glatkog (višenamjenskog) brašna

10 ml/2 žličice praška za pecivo

5 ml/1 žličica mljevenog cimeta

Pjenasto izmiješajte maslac ili margarin i šećer pa umiješajte žumanjke, esenciju badema i koricu naranče. Pomiješajte voće i orašaste plodove s malo brašna dok se ne pomiješaju, zatim umiješajte žlice brašna, prašak za pecivo i cimet naizmjenično sa žlicama voćne smjese dok se sve dobro ne sjedini. Od bjelanjaka umutiti čvrsti snijeg pa ga umiješati u smjesu. Žlicom stavite u podmazan i obložen kalup za tortu (tepsiju) veličine 23 cm/9 i pecite u prethodno zagrijanoj pećnici na 190°C/375°F/plinska oznaka 5 30 minuta, zatim smanjite temperaturu pećnice na 160°C/325° Oznaka F/plin 3 još 1½ sata dok ne postane elastičan na dodir i dok ražanj umetnut u sredinu ne izađe čist. Ostaviti da se ohladi u plehu.

Glacé voćni kolač

Za jednu tortu od 23 cm/9

225 g/8 oz/1 šalica maslaca ili margarina, omekšalog

225 g/8 oz/1 šalica sitnog (superfinog) šećera

4 jaja, lagano tučena

45 ml/3 žlice rakije

250 g/9 oz/1¼ šalice glatkog (višenamjenskog) brašna

2,5 ml/½ žličice praška za pecivo

Prstohvat soli

225 g/8 oz/1 šalica miješanog glacé (kandiranog) voća kao što su trešnje, ananas, naranče, smokve, narezane na kriške

100 g/4 oz/2/3 šalice grožđica

100 g/4 oz/2/3 šalice sultanije (zlatne grožđice)

75 g/3 oz/½ šalice ribiza

50 g/2 oz/½ šalice sjeckanih miješanih orašastih plodova

Naribana korica 1 limuna

Miksajte maslac ili margarin i šećer dok ne postane svijetlo i pjenasto. Postupno umiješajte jaja i rakiju. U posebnoj posudi pomiješajte preostale sastojke dok voće ne bude dobro obloženo brašnom. Umiješajte u smjesu i dobro promiješajte. Žlicom stavite u podmazan kalup za torte (tepsiju) veličine 23 cm/9 i pecite u prethodno zagrijanoj pećnici na 180°C/350°F/plinska oznaka 4 30 minuta. Smanjite temperaturu pećnice na 150°C/300°F/plinska oznaka 3 i pecite još 50 minuta dok ražnjić umetnut u sredinu ne izađe čist.

Guinnessova voćna torta

Za jednu tortu od 23 cm/9

225 g/8 oz/1 šalica maslaca ili margarina

225 g/8 oz/1 šalica mekog smeđeg šećera

300 ml/½ pt/1¼ šalice Guinnessa ili stouta

225 g/8 oz/11/3 šalice grožđica

225 g/8 oz/11/3 šalice sultanki (zlatne grožđice)

225 g/8 oz/11/3 šalice ribiza

100 g/4 oz/2/3 šalice nasjeckane miješane (ušećerene) kore

550 g/1¼ lb/5 šalica glatkog (višenamjenskog) brašna

2,5 ml/½ žličice sode bikarbone (soda bikarbona)

5 ml/1 žličica mljevene mješavine začina (pita od jabuka).

2,5 ml/½ žličice naribanog muškatnog oraščića

3 jaja, lagano tučena

Maslac ili margarin, šećer i Guinness zakuhajte u maloj tavi na laganoj vatri, miješajući dok se dobro ne sjedine. Umiješajte voće i izmiješane kore, zakuhajte i kuhajte 5 minuta. Maknite s vatre i ostavite da se ohladi.

Pomiješajte brašno, sodu bikarbonu i začine te u sredini napravite udubinu. Dodajte hladnu voćnu smjesu i jaja i miješajte dok se dobro ne sjedine. Žlicom stavljajte u podmazan i obložen kalup za tortu (tepsiju) veličine 23 cm/9 i pecite u prethodno zagrijanoj pećnici na 160°C/325°F/plinska oznaka 3 2 sata dok ražanj umetnut u sredinu ne izađe čist. Ostavite da se hladi u limu 20 minuta, zatim preokrenite na rešetku da se ohladi.

Kolač od mljevenog mesa

Za jednu tortu od 20 cm/8

225 g/8 oz/2 šalice samodizajućeg (samodizajućeg) brašna

350 g/12 oz/2 šalice mljevenog mesa

75 g/3 oz/½ šalice miješanog suhog voća (mješavina za voćni kolač)

3 jaja

150 g/5 oz/2/3 šalice mekog margarina

150 g/5 oz/2/3 šalice mekog smeđeg šećera

Pomiješajte sve sastojke dok se dobro ne sjedine. Okrenite u podmazan i obložen kalup za torte 20 cm/8 i pecite u prethodno zagrijanoj pećnici na 160°C/325°F/plinska oznaka 3 1¾ sata dok dobro ne naraste i postane čvrst na dodir.

Voćni kolač od zobi i marelice

Za jednu tortu od 20 cm/8

175 g/6 oz/¾ šalice maslaca ili margarina, omekšalog

50 g/2 oz/¼ šalice mekog smeđeg šećera

30 ml/2 žlice bistrog meda

3 jaja, istučena

175 g/6 oz/¼ šalice integralnog (cjelovitog) brašna

50 g/2 oz/½ šalice zobenog brašna

10 ml/2 žličice praška za pecivo

250 g/9 oz/1½ šalice miješanog suhog voća (mješavina za voćni kolač)

50 g/2 oz/1/3 šalice gotovih suhih marelica, nasjeckanih

Naribana korica i sok od 1 limuna

Miksajte maslac ili margarin i šećer s medom dok ne postanu svijetli i pjenasti. Postupno umiješajte jaja naizmjenično s brašnom i praškom za pecivo. Umiješajte sušeno voće te sok i koricu limuna. Žlicom stavite u podmazan i obložen kalup za torte (tepsiju) veličine 20 cm/8 i pecite u prethodno zagrijanoj pećnici na 180°C/350°F/plinska oznaka 4 1 sat. Smanjite temperaturu pećnice na 160°C/325°F/plinska oznaka 3 i pecite još 30 minuta dok ražnjić umetnut u sredinu ne izađe čist. Pokrijte vrh papirom za pečenje ako kolač počne prebrzo crvenjeti.

Voćni kolač za noćenje

Za jednu tortu od 20 cm/8

450 g/1 lb/4 šalice glatkog (višenamjenskog) brašna

225 g/8 oz/11/3 šalice ribiza

225 g/8 oz/11/3 šalice sultanki (zlatne grožđice)

225 g/8 oz/1 šalica mekog smeđeg šećera

50 g/2 oz/1/3 šalice nasjeckane miješane (ušećerene) kore

175 g/6 oz/¾ šalice svinjske masti (maslina)

15 ml/1 žlica zlatnog (svijetlog kukuruznog) sirupa

10 ml/2 žličice sode bikarbone (soda bikarbona)

15 ml/1 žlica mlijeka

300 ml/½ pt/1¼ šalice vode

Pomiješajte brašno, voće, šećer i koru. Otopite mast i sirup i umiješajte u smjesu. Otopite sodu bikarbonu u mlijeku i umiješajte u smjesu za kolač s vodom. Žlicom stavite u podmazan kalup za tortu (tepsiju) veličine 20 cm/8, poklopite i ostavite da odstoji preko noći.

Pecite kolač u prethodno zagrijanoj pećnici na 160°C/375°F/plinska oznaka 3 1¾ sata dok ražanj umetnut u sredinu ne izađe čist.

Kolač od grožđica i začina

Za jednu štrucu od 900 g/2 lb

225 g/8 oz/1 šalica mekog smeđeg šećera

300 ml/½ pt/1¼ šalice vode

100 g/4 oz/½ šalice maslaca ili margarina

15 ml/1 žlica crnog melase (melase)

175 g/6 oz/1 šalica grožđica

5 ml/1 žličica mljevenog cimeta

2. 5 ml/½ žličice naribanog muškatnog oraščića

2,5 ml/½ žličice pimenta

225 g/8 oz/2 šalice glatkog (višenamjenskog) brašna

5 ml/1 žličica praška za pecivo

5 ml/1 žličica sode bikarbone (soda bikarbona)

U maloj tavi na srednje jakoj vatri uz stalno miješanje otopite šećer, vodu, maslac ili margarin, melasu, grožđice i začine. Pustite da zavrije i kuhajte 5 minuta. Maknite s vatre i umiješajte preostale sastojke. Žlicom stavite smjesu u podmazan i obložen kalup za kruh (tepsiju) od 900 g/2 lb i pecite u prethodno zagrijanoj pećnici na 180°C/350°F/plinska oznaka 4 50 minuta dok ražanj umetnut u sredinu ne izađe čist.

Richmond torta

Za jednu tortu od 15 cm/6

225 g/8 oz/2 šalice glatkog (višenamjenskog) brašna

Prstohvat soli

75 g/3 oz/1/3 šalice maslaca ili margarina

100 g/4 oz/½ šalice sitnog (superfinog) šećera

2,5 ml/½ žličice praška za pecivo

100 g/4 oz/2/3 šalice ribiza

2 jaja, istučena

Malo mlijeka

Stavite brašno i sol u zdjelu i utrljajte u maslac ili margarin dok smjesa ne podsjeća na krušne mrvice. Umiješajte šećer, prašak za pecivo i ribizle. Dodajte jaja i dovoljno mlijeka da zamijesite čvrstu smjesu. Prevrnuti u podmazan i obložen kalup za torte 15 cm/6. Pecite u prethodno zagrijanoj pećnici na 190°C/375°F/plinska oznaka 5 oko 45 minuta dok ražanj umetnut u sredinu ne izađe čist. Ostavite da se ohladi na rešetki.

Torta od šafrana

Pravi dva kolača od 450 g/1 lb

2,5 ml/½ žličice šafrana

Topla voda

15 g/½ oz svježeg kvasca ili 20 ml/4 žličice suhog kvasca

900 g/2 lb/8 šalica glatkog (višenamjenskog) brašna

225 g/8 oz/1 šalica sitnog (superfinog) šećera

2,5 ml/½ žličice mljevene mješavine začina (pita od jabuka).

Prstohvat soli

100 g/4 oz/½ šalice svinjske masti (smanjivac)

100 g/4 oz/½ šalice maslaca ili margarina

300 ml/½ pt/1¼ šalice toplog mlijeka

350 g/12 oz/2 šalice miješanog suhog voća (mješavina za voćni kolač)

50 g /2 oz/1/3 šalice nasjeckane miješane (ušećerene) kore

Nasjeckajte vrpce šafrana i potopite ih u 45 ml/3 žlice tople vode preko noći.
Pomiješajte kvasac s 30 ml/2 žlice brašna, 5 ml/1 žličicom šećera i 75 ml/5 žlica tople vode i ostavite na toplom mjestu 20 minuta dok ne postane pjenasto.

Preostalo brašno i šećer pomiješajte sa začinima i soli. Utrljajte mast i maslac ili margarin dok smjesa ne bude poput krušnih mrvica, a zatim napravite udubinu u sredini. Dodajte smjesu s kvascem, šafran i tekućinu od šafrana, toplo mlijeko, voće i miješane kore te zamijesite mekano tijesto. Stavite u nauljenu zdjelu, prekrijte prozirnom folijom (plastičnom folijom) i ostavite na toplom mjestu 3 sata.

Oblikujte dvije štruce, stavite ih u dva namašćena kalupa (tepsije) od 450 g/1 lb i pecite u prethodno zagrijanoj pećnici na

220°C/450°F/plin oznaka 7 40 minuta dok dobro ne naraste i ne porumene.

Soda voćni kolač

Za jednu tortu od 450 g/1 lb

225 g/8 oz/2 šalice glatkog (višenamjenskog) brašna

1,5 ml/¼ žličice soli

Prstohvat sode bikarbone (soda bikarbona)

50 g/2 oz/¼ šalice maslaca ili margarina

50 g/2 oz/¼ šalice sitnog (superfinog) šećera

100 g/4 oz/2/3 šalice miješanog suhog voća (mješavina za voćni kolač)

150 ml/¼ pt/2/3 šalice kiselog mlijeka ili mlijeka s 5 ml/1 žličicom limunovog soka

5 ml/1 žličica crnog melase (melase)

U zdjeli pomiješajte brašno, sol i sodu bikarbonu. Utrljajte maslac ili margarin dok smjesa ne podsjeća na krušne mrvice. Umiješajte šećer i voće i dobro promiješajte. Mlijeko i melasu zagrijte dok se melasa ne rastopi, zatim dodajte suhim sastojcima i izmiješajte u čvrsti snijeg. Žlicom stavljajte u podmazan kalup za kruh (tepsiju) od 450 g/1 lb i pecite u prethodno zagrijanoj pećnici na 190°C/375°F/plinska oznaka 5 oko 45 minuta dok ne porumene.

Brza voćna torta

Za jednu tortu od 20 cm/8

450 g/1 lb/2 2/3 šalice miješanog suhog voća (mješavina za voćni kolač)

225 g/8 oz/1 šalica mekog smeđeg šećera

100 g/4 oz/½ šalice maslaca ili margarina

150 ml/¼ pt/2/3 šalice vode

2 jaja, istučena

225 g/8 oz/2 šalice samodizajućeg (samodizajućeg) brašna

Voće, šećer, maslac ili margarin i vodu zakuhajte, zatim poklopite i lagano kuhajte 15 minuta. Ostaviti da se ohladi. Umutite jaja i brašno, zatim žlicom stavite smjesu u podmazan i obložen kalup za torte veličine 20 cm/8 i pecite u prethodno zagrijanoj pećnici na 150°C/300°F/plin oznaka 3 1 i pol sata dok ne porumeni na vrhu i ne skupi se dalje od stranica lima.

Vrući čajno-voćni kolač

Pravi kolač od 900 g/2 lb

450 g/1 lb/2½ šalice miješanog suhog voća (mješavina za voćni kolač)

300 ml/½ pt/1¼ šalice vrućeg crnog čaja

350 g/10 oz/1¼ šalice mekog smeđeg šećera

350 g/10 oz/2½ šalice samodizajućeg (samodizajućeg) brašna

1 jaje, tučeno

Stavite voće u vrući čaj i ostavite da se namače preko noći. Umiješajte šećer, brašno i jaje i prebacite u podmazan i obložen kalup za kruh (tepsiju) od 900 g/2 lb. Pecite u prethodno zagrijanoj pećnici na 160°C/325°F/plinska oznaka 3 2 sata dok se dobro ne dignu i ne porumene.

Hladna čajna voćna torta

Za jednu tortu od 15 cm/6

100 g/4 oz/½ šalice maslaca ili margarina

225 g/8 oz/11/3 šalice miješanog suhog voća (mješavina za voćni kolač)

250 ml/8 tečnih oz/1 šalica hladnog crnog čaja

225 g/8 oz/2 šalice samodizajućeg (samodizajućeg) brašna

100 g/4 oz/½ šalice sitnog (superfinog) šećera

5 ml/1 žličica sode bikarbone (soda bikarbona)

1 veliko jaje

U loncu otopite maslac ili margarin, dodajte voće i čaj i zakuhajte. Kuhajte 2 minute, zatim ostavite da se ohladi. Umiješajte preostale sastojke i dobro promiješajte. Žlicom stavljajte u podmazan i obložen kalup za torte veličine 15 cm/6 i pecite u prethodno zagrijanoj pećnici na 160°C/325°F/ plinska oznaka 3 1¼–1½ sat dok ne postane čvrst na dodir. Ostavite da se ohladi pa poslužite narezano i namazano maslacem.

Voćni kolač bez šećera

Za jednu tortu od 20 cm/8

4 suhe marelice

60 ml/4 žlice soka od naranče

250 ml/8 tečnih oz/1 šalica stouta

100 g/4 oz/2/3 šalice sultanije (zlatne grožđice)

100 g/4 oz/2/3 šalice grožđica

50 g/2 oz/¼ šalice ribiza

50 g/2 oz/¼ šalice maslaca ili margarina

225 g/8 oz/2 šalice samodizajućeg (samodizajućeg) brašna

75 g/3 oz/¾ šalice sjeckanih miješanih orašastih plodova

10 ml/2 žličice mljevene mješavine začina (pita od jabuka).

5 ml/1 žličica instant kave u prahu

3 jaja, lagano tučena

15 ml/1 žlica rakije ili viskija

Namočite marelice u sok od naranče dok ne omekšaju, a zatim nasjeckajte. Stavite u tavu sa zaprškom, suhim voćem i maslacem ili margarinom, zakuhajte i kuhajte 20 minuta. Ostaviti da se ohladi.

Pomiješajte brašno, orahe, začine i kavu. Umiješajte čvrstu smjesu, jaja i brendi ili viski. Žlicom stavite smjesu u podmazan i obložen kalup za torte veličine 20 cm/8 i pecite u prethodno zagrijanoj pećnici na 180°C/350°F/plinska oznaka 4 20 minuta. Smanjite temperaturu pećnice na 150°C/300°F/plinska oznaka 2 i pecite još 1½ sata dok ražnjić umetnut u sredinu ne izađe čist. Gornji dio pokrijte masnim (voštanim) papirom pred kraj vremena pečenja ako se previše zapeče. Ostavite da se ohladi u limu 10 minuta prije nego što ga okrenete na rešetku da se dovrši hlađenje.

Sitni voćni kolači

Čini 48

100 g/4 oz/½ šalice maslaca ili margarina, omekšalog

225 g/8 oz/1 šalica mekog smeđeg šećera

2 jaja, lagano tučena

175 g/6 oz/1 šalica datulja bez koštica, nasjeckanih

50 g/2 oz/½ šalice sjeckanih miješanih orašastih plodova

15 ml/1 žlica naribane narančine korice

225 g/8 oz/2 šalice glatkog (višenamjenskog) brašna

5 ml/1 žličica sode bikarbone (soda bikarbona)

2,5 ml/½ žličice soli

150 ml/¼ pt/2/3 šalice mlaćenice

6 glacé (ušećerenih) trešanja, narezanih na ploške

Glazura za voćni kolač od naranče

Miksajte maslac ili margarin i šećer dok ne postanu svijetli i pjenasti. Umutite malo po malo jaja. Umiješajte datulje, orahe i narančinu koricu. Pomiješajte brašno, sodu bikarbonu i sol. Dodajte u smjesu naizmjenično s mlaćenicom i tucite dok se dobro ne sjedini. Žlicom stavite namašćene 5 cm/2 u kalupe za muffine (tepsije) i ukrasite višnjama. Pecite u prethodno zagrijanoj pećnici na 190°C/375°F/plinska oznaka 5 20 minuta dok ražanj umetnut u sredinu ne izađe čist. Prebacite na rešetku za hlađenje i ostavite dok se ne zagrije, a zatim premažite glazurom od naranče.

Voćni kolač od octa

Za jednu tortu od 23 cm/9

225 g/8 oz/1 šalica maslaca ili margarina

450 g/1 lb/4 šalice glatkog (višenamjenskog) brašna

225 g/8 oz/11/3 šalice sultanki (zlatne grožđice)

100 g/4 oz/2/3 šalice grožđica

100 g/4 oz/2/3 šalice ribiza

225 g/8 oz/1 šalica mekog smeđeg šećera

5 ml/1 žličica sode bikarbone (soda bikarbona)

300 ml/½ pt/1¼ šalice mlijeka

45 ml/3 žlice sladnog octa

Maslac ili margarin utrljajte u brašno dok smjesa ne bude poput krušnih mrvica. Umiješajte voće i šećer i napravite udubinu u sredini. Pomiješajte sodu bikarbonu, mlijeko i ocat – smjesa će se zapjeniti. Umiješajte suhe sastojke dok se dobro ne sjedine. Žlicom stavite smjesu u podmazan i obložen kalup za torte (tepsiju) veličine 23 cm/9 i pecite u prethodno zagrijanoj pećnici na 200°C/400°F/plinska oznaka 6 25 minuta. Smanjite temperaturu pećnice na 160°C/325°F/plinska oznaka 3 i pecite još 1½ sata dok ne porumene i postanu čvrsti na dodir. Ostavite da se hladi u kalupu 5 minuta, zatim preokrenite na rešetku da se ohladi.

Virginia Whisky torta

Za jednu tortu od 450 g/1 lb

100 g/4 oz/½ šalice maslaca ili margarina, omekšalog

50 g/2 oz/¼ šalice sitnog (superfinog) šećera

3 jaja, odvojena

175 g/6 oz/1½ šalice glatkog (višenamjenskog) brašna

5 ml/1 žličica praška za pecivo

Prstohvat naribanog muškatnog oraščića

Prstohvat mljevene mace

120 ml/4 fl oz/½ šalice luk

30 ml/2 žlice rakije

100 g/4 oz/2/3 šalice miješanog suhog voća (mješavina za voćni kolač)

120 ml/4 fl oz/½ šalice viskija

Miksajte maslac i šećer dok ne postane glatko. Umiješajte žumanjke. Pomiješajte brašno, prašak za pecivo i začine i umiješajte u smjesu. Umiješajte porto, rakiju i suho voće. Bjelanjke umutiti dok ne postanu mekani snijeg pa ih umiješati u smjesu. Žlicom stavljajte u podmazan kalup za kruh (tepsiju) od 450 g/1 lb i pecite u prethodno zagrijanoj pećnici na 160°C/325°F/plinska oznaka 3 1 sat dok ražnjić umetnut u sredinu ne izađe čist. Ostavite da se ohladi u kalupu, zatim prelijte tortu viskijem i ostavite u kalupu 24 sata prije rezanja.

Velška voćna torta

Za jednu tortu od 23 cm/9

50 g/2 oz/¼ šalice maslaca ili margarina

50 g/2 oz/¼ šalice svinjske masti (maslina)

225 g/8 oz/2 šalice glatkog (višenamjenskog) brašna

Prstohvat soli

10 ml/2 žličice praška za pecivo

100 g/4 oz/½ šalice demerara šećera

175 g/6 oz/1 šalica miješanog suhog voća (mješavina za voćni kolač)

Naribana korica i sok od ½ limuna

1 jaje, lagano tučeno

30 ml/2 žlice mlijeka

Maslac ili margarin i mast utrljajte u brašno, sol i prašak za pecivo dok smjesa ne bude poput krušnih mrvica. Umiješajte šećer, voće i limunovu koricu i sok, zatim umiješajte jaje i mlijeko i zamijesite mekano tijesto. Oblikujte u podmazan i obložen četvrtasti kalup za pečenje (tepsiju) veličine 23 cm/9 i pecite u prethodno zagrijanoj pećnici na 200°C/400°F/plinska oznaka 6 20 minuta dok ne naraste i porumene.

Bijela voćna torta

Za jednu tortu od 23 cm/9

100 g/4 oz/½ šalice maslaca ili margarina, omekšalog

225 g/8 oz/1 šalica sitnog (superfinog) šećera

5 jaja, lagano tučenih

350 g/12 oz/2 šalice miješanog suhog voća

350 g/12 oz/2 šalice sultana (zlatne grožđice)

100 g/4 oz/2/3 šalice datulja bez koštica, nasjeckanih

100 g/4 oz/½ šalice glacé (kandiranih) trešanja, nasjeckanih

100 g/4 oz/½ šalice glacé (ušećerenog) ananasa, nasjeckanog

100 g/4 oz/1 šalica nasjeckanih miješanih orašastih plodova

225 g/8 oz/2 šalice glatkog (višenamjenskog) brašna

10 ml/2 žličice praška za pecivo

2,5 ml/½ žličice soli

60 ml/4 žlice soka od ananasa

Miksajte maslac ili margarin i šećer dok ne postane svijetlo i pjenasto. Postupno dodajte jaja, dobro umutiti nakon svakog dodavanja. Pomiješajte svo voće, orašaste plodove i malo brašna dok sastojci ne budu dobro obloženi brašnom. Pomiješajte prašak za pecivo i sol u preostalo brašno, zatim ga umiješajte u smjesu jaja naizmjenično sa sokom od ananasa dok se ne ujednači. Umiješajte voće i dobro promiješajte. Žlicom stavljajte u podmazan i obložen kalup za torte (tepsiju) veličine 23 cm/9 i pecite u prethodno zagrijanoj pećnici na 140°C/275°F/ plinska oznaka 1 oko 2½ sata dok ražanj umetnut u sredinu ne izađe čist. Ostavite da se ohladi u limu 10 minuta prije nego što ga okrenete na rešetku da se dovrši hlađenje.

Kolač od jabuka

Za jednu tortu od 20 cm/8

175 g/6 oz/1½ šalice samodizajućeg (samodizajućeg) brašna

5 ml/1 žličica praška za pecivo

Prstohvat soli

150 g/5 oz/2/3 šalice maslaca ili margarina

150 g/5 oz/2/3 šalice sitnog (superfinog) šećera

1 jaje, tučeno

175 ml/6 tečnih oz/¾ šalice mlijeka

3 jestive (desertne) jabuke, oguljene, očišćene od jezgre i narezane na kriške

2,5 ml/½ žličice mljevenog cimeta

15 ml/1 žlica bistrog meda

Pomiješajte brašno, pecivo i sol. Utrljajte maslac ili margarin dok smjesa ne bude nalik na krušne mrvice, zatim umiješajte šećer. Umiješajte jaje i mlijeko. Smjesu izlijte u podmazan i obložen kalup za torte (tepsiju) veličine 20 cm/8 i na vrh lagano utisnite kriške jabuke. Pospite cimetom i pokapajte medom. Pecite u prethodno zagrijanoj pećnici na 200°C/400°F/plinska oznaka 6 45 minuta dok ne porumene i postanu čvrsti na dodir.

Hrskavi kolač sa začinjenim jabukama

Za jednu tortu od 20 cm/8

75 g/3 oz/1/3 šalice maslaca ili margarina

175 g/6 oz/1½ šalice samodizajućeg (samodizajućeg) brašna

50 g/2 oz/¼ šalice sitnog (superfinog) šećera

1 jaje

75 ml/5 žlica vode

3 jestive (desertne) jabuke, oguljene, bez koštice i narezane na kriške

Za preljev:
75 g/3 oz/1/3 šalice demerara šećera

10 ml/2 žličice mljevenog cimeta

25 g/1 oz/2 žlice maslaca ili margarina

Maslac ili margarin utrljajte u brašno dok smjesa ne bude poput krušnih mrvica. Umiješajte šećer, pa umiješajte jaje i vodu da dobijete mekano tijesto. Dodajte još malo vode ako je smjesa presuha. Tijesto rastanjiti u kalup (tepsiju) 20 cm/8 in utisnuti jabuke u tijesto. Pospite demerara šećerom i cimetom i pokapajte maslacem ili margarinom. Pecite u prethodno zagrijanoj pećnici na 180°C/350°F/plinska oznaka 4 30 minuta dok ne porumene i postanu čvrsti na dodir.

Američki kolač od jabuka

Za jednu tortu od 20 cm/8

50 g/2 oz/¼ šalice maslaca ili margarina, omekšalog

225 g/8 oz/1 šalica mekog smeđeg šećera

1 jaje, lagano tučeno

5 ml/1 žličica esencije vanilije (ekstrakt)

100 g/4 oz/1 šalica glatkog (višenamjenskog) brašna

2,5 ml/½ žličice praška za pecivo

2,5 ml/½ žličice sode bikarbone (soda bikarbona)

2,5 ml/½ žličice soli

2,5 ml/½ žličice mljevenog cimeta

2,5 ml/½ žličice naribanog muškatnog oraščića

450 g/1 lb jestivih (desertnih) jabuka, oguljenih, očišćenih od jezgre i narezanih na kockice

25 g/1 oz/¼ šalice nasjeckanih badema

Miksajte maslac ili margarin i šećer dok ne postanu svijetli i pjenasti. Postupno umiješajte jaje i asenciju vanilije. Pomiješajte brašno, prašak za pecivo, sodu bikarbonu, sol i začine i umiješajte u smjesu dok se ne sjedini. Umiješajte jabuke i orahe. Žlicom stavljajte u podmazan i obložen četvrtasti kalup za pečenje veličine 20 cm/8 i pecite u prethodno zagrijanoj pećnici na 180°C/350°F/plinska oznaka 4 45 minuta dok ražanj umetnut u sredinu ne izađe čist.

Torta od pirea od jabuka

Pravi kolač od 900 g/2 lb

100 g/4 oz/½ šalice maslaca ili margarina, omekšalog

225 g/8 oz/1 šalica mekog smeđeg šećera

2 jaja, lagano tučena

225 g/8 oz/2 šalice glatkog (višenamjenskog) brašna

5 ml/1 žličica mljevenog cimeta

2,5 ml/½ žličice naribanog muškatnog oraščića

100 g/4 oz/1 šalica pirea od jabuke (umak)

5 ml/1 žličica sode bikarbone (soda bikarbona)

30 ml/2 žlice vruće vode

Miksajte maslac ili margarin i šećer dok ne postane svijetlo i pjenasto. Postupno umiješajte jaja. Umiješajte brašno, cimet, muškatni oraščić i pire od jabuke. Pomiješajte sodu bikarbonu s vrućom vodom i umiješajte u smjesu. Žlicom stavljajte u podmazan kalup za kruh (tepsiju) od 900 g/2 lb i pecite u prethodno zagrijanoj pećnici na 180°C/350°F/plinska oznaka 4 1¼ sata dok ražnjić umetnut u sredinu ne izađe čist.

Kolač od jabuke od jabukovače

Za jednu tortu od 20 cm/8

100 g/4 oz/½ šalice maslaca ili margarina, omekšalog

150 g/5 oz/2/3 šalice sitnog (superfinog) šećera

3 jaja

225 g/8 oz/2 šalice samodizajućeg (samodizajućeg) brašna

5 ml/1 žličica mljevene mješavine začina (pita od jabuka).

5 ml/1 žličica sode bikarbone (soda bikarbona)

5 ml/1 žličica praška za pecivo

150 ml/¼ pt/2/3 šalice suhog jabukovače

2 jabuke za kuhanje (tart), oguljene, očišćene od jezgre i narezane na ploške

75 g/3 oz/1/3 šalice demerara šećera

100 g/4 oz/1 šalica nasjeckanih miješanih orašastih plodova

Pomiješajte maslac ili margarin, šećer, jaja, brašno, začine, sodu bikarbonu, prašak za pecivo i 120 ml/4 fl oz/½ šalice jabukovače dok se dobro ne izmiješa, dodajući preostali jabukovaču ako je potrebno da dobijete glatko tijesto. Žlicom izlijte pola smjese u podmazan i obložen kalup za torte (tepsiju) veličine 20 cm/8 i pokrijte polovicom kriški jabuka. Šećer i orahe pomiješati i polovicu rasporediti po jabukama. Žlicom dodajte preostalu smjesu za kolač i na vrh stavite preostale jabuke i ostatak mješavine šećera i orašastih plodova. Pecite u prethodno zagrijanoj pećnici na 180°C/350°F/plinska oznaka 4 1 sat dok ne porumene i postanu čvrsti na dodir.

Kolač od jabuka i cimeta

Za jednu tortu od 23 cm/9

100 g/4 oz/½ šalice maslaca ili margarina

100 g/4 oz/½ šalice sitnog (superfinog) šećera

1 jaje, lagano tučeno

100 g/4 oz/1 šalica glatkog (višenamjenskog) brašna

5 ml/1 žličica praška za pecivo

30 ml/2 žlice mlijeka (po želji)

2 velike jabuke za kuhanje (tart), oguljene, očišćene od jezgre i narezane na ploške

30 ml/2 žlice sitnog (superfinog) šećera

5 ml/1 žličica mljevenog cimeta

25 g/1 oz/¼ šalice nasjeckanih badema

30 ml/2 žlice demerara šećera

Miksajte maslac ili margarin i šećer dok ne postane svijetlo i pjenasto. Postupno umiješajte jaje pa dodajte brašno i prašak za pecivo. Smjesa bi trebala biti dosta kruta; ako je pretvrdo umiješajte malo mlijeka. Žlicom stavite pola smjese u podmazan i obložen kalup za torte (tepsiju) 23 cm/9 sa slobodnim dnom. Po vrhu rasporedite kriške jabuka. Pomiješajte šećer i cimet i pospite bademe po jabukama. Prelijte preostalom smjesom za kolače i pospite demerara šećerom. Pecite u prethodno zagrijanoj pećnici na 180°C/350°F/plinska oznaka 4 30-35 minuta dok ražanj umetnut u sredinu ne izađe čist.

Španjolski kolač od jabuka

Za jednu tortu od 23 cm/9

175 g/6 oz/¾ šalice maslaca ili margarina

6 Cox's Eating (desertnih) jabuka, oguljenih, bez jezgre i narezanih na segmente

30 ml/2 žlice rakije od jabuke

175 g/6 oz/¾ šalice sitnog (superfinog) šećera

150 g/5 oz/1¼ šalice glatkog (višenamjenskog) brašna

10 ml/2 žličice praška za pecivo

5 ml/1 žličica mljevenog cimeta

3 jaja, lagano tučena

45 ml/3 žlice mlijeka

Za glazuru:
60 ml/4 žlice džema od marelica (konzervirati), procijeđenog (procijeđenog)

15 ml/1 žlica rakije od jabuke

5 ml/1 žličica kukuruznog brašna (kukuruzni škrob)

10 ml/2 žličice vode

Otopite maslac ili margarin u velikoj tavi (tavi) i pržite komadiće jabuke na laganoj vatri 10 minuta, jednom promiješajte da se pokapaju maslacem. Maknite s vatre. Trećinu jabuka nasjeckajte i dodajte rakiju od jabuke pa umiješajte šećer, brašno, prašak za pecivo i cimet. Dodajte jaja i mlijeko i žlicom izlijte smjesu u namašćen i pobrašnjen kalup za torte (tepsiju) s slobodnim dnom veličine 23 cm/9. Po vrhu posložite preostale kriške jabuke. Pecite u prethodno zagrijanoj pećnici na 180°C/350°F/plinska oznaka 4 45 minuta dok se dobro ne digne i ne poprimi zlatnosmeđu boju i počne se skupljati od stijenki lima.

Za glazuru zajedno zagrijte pekmez i rakiju. Pomiješajte kukuruzno brašno u pastu s vodom i umiješajte u džem i rakiju. Kuhajte nekoliko minuta uz miješanje dok ne bude bistro. Topli kolač premažite kistom i ostavite da se ohladi 30 minuta. Uklonite stranice kalupa za torte, ponovno zagrijte glazuru i premažite je drugi put. Ostaviti da se ohladi.

Kolač od jabuka i sultanije

Za jednu tortu od 20 cm/8

350 g/12 oz/3 šalice samodizajućeg (samodizajućeg) brašna

Prstohvat soli

2,5 ml/½ žličice mljevenog cimeta

225 g/8 oz/1 šalica maslaca ili margarina

175 g/6 oz/¾ šalice sitnog (superfinog) šećera

100 g/4 oz/2/3 šalice sultanije (zlatne grožđice)

450 g/1 lb jabuka za kuhanje (tart), oguljenih, bez koštice i sitno nasjeckanih

2 jaja

Malo mlijeka

Pomiješajte brašno, sol i cimet, zatim utrljajte maslac ili margarin dok smjesa ne bude poput krušnih mrvica. Umiješajte šećer. U sredini napraviti udubinu i dodati sultanije, jabuke i jaja i dobro izmiješati, dodajući malo mlijeka da se dobije čvrsta smjesa. Žlicom stavljajte u podmazan kalup za tortu od 20 cm/8 i pecite u prethodno zagrijanoj pećnici na 180°C/350°F/ plinska oznaka 4 oko 1½-2 sata dok ne postane čvrsto na dodir. Poslužite toplo ili hladno.

Preokrenuti kolač od jabuka

Za jednu tortu od 23 cm/9

2 jestive (desertne) jabuke, oguljene, bez jezgre i narezane na tanke kriške

75 g/3 oz/1/3 šalice mekog smeđeg šećera

45 ml/3 žlice grožđica

30 ml/2 žlice soka od limuna

Za tortu:

200 g/7 oz/1¾ šalice glatkog (višenamjenskog) brašna

50 g/2 oz/¼ šalice sitnog (superfinog) šećera

10 ml/2 žličice praška za pecivo

5 ml/1 žličica sode bikarbone (soda bikarbona)

5 ml/1 žličica mljevenog cimeta

Prstohvat soli

120 ml/4 fl oz/½ šalice mlijeka

50 g/2 oz/½ šalice pirea od jabuke (umak)

75 ml/5 žlica ulja

1 jaje, lagano tučeno

5 ml/1 žličica esencije vanilije (ekstrakt)

Pomiješajte jabuke, šećer, grožđice i limunov sok i posložite u podmazan kalup za torte (tepsiju) veličine 23 cm/9. Pomiješajte suhe sastojke za kolač i napravite udubinu u sredini. Pomiješajte mlijeko, umak od jabuke, ulje, jaje i aromu vanilije i umiješajte u suhe sastojke dok se ne sjedine. Žlicom stavite kalup za torte i pecite u prethodno zagrijanoj pećnici na 180°C/350°F/plinska oznaka 4 40 minuta dok kolač ne porumeni i počne se skupljati sa stijenki kalupa. Ostavite da se hladi u kalupu 10 minuta, zatim pažljivo preokrenite na tanjur. Poslužite toplo ili hladno.

Kolač od marelice

Za jednu štrucu od 900 g/2 lb

225 g/8 oz/1 šalica maslaca ili margarina, omekšalog

225 g/8 oz/1 šalica sitnog (superfinog) šećera

2 jaja, dobro umućena

6 zrelih marelica, bez koštice, oguljene kore i pasirane

300 g/11 oz/2¾ šalice glatkog (višenamjenskog) brašna

5 ml/1 žličica sode bikarbone (soda bikarbona)

Prstohvat soli

75 g/3 oz/¾ šalice nasjeckanih badema

Pjenasto izradite maslac ili margarin i šećer. Postupno umiješajte jaja pa umiješajte marelice. Umiješajte brašno, sodu bikarbonu i sol. Umiješajte orahe. Žlicom stavljajte u podmazan i pobrašnjen kalup za kruh (tepsiju) od 900 g/2 lb i pecite u prethodno zagrijanoj pećnici na 180°C/350°F/plinska oznaka 4 1 sat dok ražanj umetnut u sredinu ne izađe čist. Ostavite da se ohladi u kalupu prije nego što ga izvadite.

Torta od marelica i đumbira

Za jednu tortu od 18 cm/7

100 g/4 oz/1 šalica samodizajućeg (samodizajućeg) brašna

100 g/4 oz/½ šalice mekog smeđeg šećera

10 ml/2 žličice mljevenog đumbira

100 g/4 oz/½ šalice maslaca ili margarina, omekšalog

2 jaja, lagano tučena

100 g/4 oz/2/3 šalice gotovih suhih marelica, nasjeckanih

50 g/2 oz/1/3 šalice grožđica

Umutiti brašno, šećer, đumbir, maslac ili margarin i jaja u mekanu smjesu. Umiješajte marelice i grožđice. Žlicom stavite smjesu u podmazan i obložen kalup za torte (tepsiju) veličine 18 cm/7 i pecite u prethodno zagrijanoj pećnici na 180°C/350°F/plin oznaka 4 30 minuta dok ražanj umetnut u sredinu ne izađe čist.

Pijan kolač od marelica

Za jednu tortu od 20 cm/8

120 ml/4 fl oz/½ šalice rakije ili ruma

120 ml/4 fl oz/½ šalice soka od naranče

225 g/8 oz/11/3 šalice gotovih suhih marelica, nasjeckanih

100 g/4 oz/2/3 šalice sultanije (zlatne grožđice)

175 g/6 oz/¾ šalice maslaca ili margarina, omekšalog

45 ml/3 žlice bistrog meda

4 jaja, odvojena

175 g/6 oz/1½ šalice samodizajućeg (samodizajućeg) brašna

10 ml/2 žličice praška za pecivo

Rakiju ili rum i sok od naranče zakuhajte s marelicama i sultanijama. Dobro promiješajte, a zatim maknite s vatre i ostavite da odstoji dok se ne ohladi. Pjenasto izmiješajte maslac ili margarin i med pa postupno umiješajte žumanjke. Umiješajte brašno i prašak za pecivo. Od bjelanjaka umutiti čvrsti snijeg pa ga lagano umiješati u smjesu. Žlicom stavljajte u podmazan i obložen kalup za tortu veličine 20 cm/8 i pecite u prethodno zagrijanoj pećnici na 180°C/350°F/plinska oznaka 4 1 sat dok ražnjić umetnut u sredinu ne izađe čist. Ostaviti da se ohladi u plehu.

Kolač od banane

Za jednu tortu veličine 23 x 33 cm/9 x 13 cm

4 zrele banane, zgnječene

2 jaja, lagano tučena

350 g/12 oz/1½ šalice sitnog (vrlo finog) šećera

120 ml/4 fl oz/½ šalice ulja

5 ml/1 žličica esencije vanilije (ekstrakt)

50 g/2 oz/½ šalice sjeckanih miješanih orašastih plodova

225 g/8 oz/2 šalice glatkog (višenamjenskog) brašna

10 ml/2 žličice sode bikarbone (soda bikarbona)

5 ml/1 žličica soli

Banane, jaja, šećer, ulje i vaniliju umutiti u kremu. Dodajte preostale sastojke i miješajte dok se ne sjedine. Žlicom stavite u kalup za tortu (tepsiju) veličine 23 x 33 cm/9 x 13 cm i pecite u prethodno zagrijanoj pećnici na 180°C/350°F/plinska oznaka 4 45 minuta dok ražnjić umetnut u sredinu ne izađe čist.

Hrskavi kolač od banane

Za jednu tortu od 23 cm/9

100 g/4 oz/½ šalice maslaca ili margarina, omekšalog

300 g/11 oz/11/3 šalice sitnog (superfinog) šećera

2 jaja, lagano tučena

175 g/6 oz/1½ šalice glatkog (višenamjenskog) brašna

2,5 ml/½ žličice soli

1,5 ml/½ žličice naribanog muškatnog oraščića

5 ml/1 žličica sode bikarbone (soda bikarbona)

75 ml/5 žlica mlijeka

Nekoliko kapi esencije vanilije (ekstrakt)

4 banane, zgnječene

Za preljev:

50 g/2 oz/¼ šalice demerara šećera

50 g/2 oz/2 šalice kukuruznih pahuljica, zdrobljenih

2,5 ml/½ žličice mljevenog cimeta

25 g/1 oz/2 žlice maslaca ili margarina

Miksajte maslac ili margarin i šećer dok ne postane svijetlo i pjenasto. Postupno umiješajte jaja, zatim dodajte brašno, sol i muškatni oraščić. Umiješajte sodu bikarbonu u mlijeko i aromu vanilije te umiješajte u smjesu s bananama. Žlicom stavite u podmazan i obložen četvrtasti kalup (tepsiju) veličine 23 cm/9.

Za preljev pomiješajte šećer, cornflakes i cimet te utrljajte maslac ili margarin. Pospite po kolaču i pecite u prethodno zagrijanoj pećnici na 180°C/350°F/plinska oznaka 4 45 minuta dok ne postane čvrst na dodir.

Banana spužva

Za jednu tortu od 23 cm/9

100 g/4 oz/½ šalice maslaca ili margarina, omekšalog

100 g/4 oz/½ šalice sitnog (superfinog) šećera

2 jaja, istučena

2 velike zrele banane, zgnječene

225 g/8 oz/1 šalica samodizajućeg (samodizajućeg) brašna

45 ml/3 žlice mlijeka

Za nadjev i preljev:

225 g/8 oz/1 šalica krem sira

30 ml/2 žlice kiselog (mliječnog) vrhnja

100 g/4 oz sušenog čipsa od banane

Miksajte maslac ili margarin i šećer dok ne postane blijedo i pjenasto. Postupno dodajte jaja pa umiješajte banane i brašno. Umiješajte mlijeko dok smjesa ne postane guste. Žlicom stavljajte u podmazan i obložen kalup za torte veličine 23 cm/9 i pecite u prethodno zagrijanoj pećnici na 180°C/350°F/plinska oznaka 4 oko 30 minuta dok ražanj umetnut u sredinu ne izađe čist. Preokrenite na rešetku i ostavite da se ohladi, a zatim vodoravno prepolovite.

Za preljev izmiksajte krem sir i kiselo vrhnje i s pola smjese spojite dvije polovice torte. Po vrhu rasporedite preostalu smjesu i ukrasite čipsom od banane.

Kolač od banana bogat vlaknima

Za jednu tortu od 18 cm/7

100 g/4 oz/½ šalice maslaca ili margarina, omekšalog

50 g/2 oz/¼ šalice mekog smeđeg šećera

2 jaja, lagano tučena

100 g/4 oz/1 šalica integralnog (cjelovitog) brašna

10 ml/2 žličice praška za pecivo

2 banane, zgnječene

Za nadjev:

225 g/8 oz/1 šalica skute (glatke skute).

5 ml/1 žličica soka od limuna

15 ml/1 žlica bistrog meda

1 banana, narezana na ploške

Šećer u prahu (slastičarski), prosijani, za posipanje

Miksajte maslac ili margarin i šećer dok ne postane svijetlo i pjenasto. Postupno umiješajte jaja, zatim dodajte brašno i prašak za pecivo. Lagano umiješajte banane. Žlicom rasporedite smjesu u dva namašćena i obložena 18 cm/7 kalupa (tepsije) i pecite u zagrijanoj pećnici 30 minuta dok ne postane čvrsta na dodir. Ostaviti da se ohladi.

Za nadjev pomiješajte krem sir, limunov sok i med i premažite jednu tortu. Rasporedite kriške banane na vrh, a zatim prekrijte drugom tortom. Poslužite posipano šećerom u prahu.

Kolač od banane i limuna

Za jednu tortu od 18 cm/7

100 g/4 oz/½ šalice maslaca ili margarina, omekšalog

175 g/6 oz/¾ šalice sitnog (superfinog) šećera

2 jaja, lagano tučena

225 g/8 oz/2 šalice samodizajućeg (samodizajućeg) brašna

2 banane, zgnječene

Za nadjev i preljev:

75 ml/5 žlica lemon curda

2 banane, narezane na ploške

45 ml/3 žlice soka od limuna

100 g/4 oz/2/3 šalice šećera u prahu (poslastičarskog), prosijanog

Miksajte maslac ili margarin i šećer dok ne postane svijetlo i pjenasto. Postupno umiješajte jaja, dobro tučeći nakon svakog dodavanja, zatim umiješajte brašno i banane. Žlicom rasporedite smjesu u dva namašćena i obložena kalupa za sendviče 18 cm/7 i pecite u prethodno zagrijanoj pećnici na 180°C/350°F/plinska oznaka 4 30 minuta. Iskrenuti i ostaviti da se ohladi.

Sendvičirajte kolačiće zajedno s lemon curdom i pola kriški banane. Preostale kriške banane poškropite sa 15 ml/1 žlice limunovog soka. Pomiješajte preostali sok od limuna sa šećerom u prahu da dobijete čvrstu glazuru (glazuru). Glazurom premažite tortu i ukrasite ploškama banane.

Čokoladni kolač od banane u blenderu

Za jednu tortu od 20 cm/8

225 g/8 oz/2 šalice samodizajućeg (samodizajućeg) brašna

2,5 ml/½ žličice praška za pecivo

40 g/1½ oz/3 žlice čokolade za piće u prahu

2 jaja

60 ml/4 žlice mlijeka

150 g/5 oz/2/3 šalice sitnog (superfinog) šećera

100 g/4 oz/½ šalice mekog margarina

2 zrele banane, nasjeckane

Pomiješajte brašno, prašak za pecivo i čokoladu za piće. Miješajte preostale sastojke u blenderu ili procesoru hrane oko 20 sekundi – smjesa će izgledati zgrušano. Ulijte u suhe sastojke i dobro promiješajte. Okrenite u podmazan i obložen kalup za torte veličine 20 cm/8 i pecite u prethodno zagrijanoj pećnici na 180°C/350°F/ plinska oznaka 4 oko 1 sat dok ražanj umetnut u sredinu ne izađe čist. Okrenite na rešetku da se ohladi.

Kolač od banane i kikirikija

Pravi kolač od 900 g/2 lb

275 g/10 oz/2½ šalice glatkog (višenamjenskog) brašna

225 g/8 oz/1 šalica sitnog (superfinog) šećera

100 g/4 oz/1 šalica kikirikija, sitno nasjeckanog

15 ml/1 žlica praška za pecivo

Prstohvat soli

2 jaja, odvojena

6 banana, pasiranih

Naribana korica i sok 1 manjeg limuna

50 g/2 oz/¼ šalice maslaca ili margarina, otopljenog

Pomiješajte brašno, šećer, orahe, prašak za pecivo i sol. Istucite žumanjke i umiješajte ih u smjesu s bananama, limunovom koricom i sokom te maslacem ili margarinom. Od bjelanjaka umutite čvrsti snijeg pa ga umiješajte u smjesu. Žlicom stavljajte u podmazan kalup za kruh (tepsiju) od 900 g/2 lb i pecite u prethodno zagrijanoj pećnici na 180°C/350°F/plinska oznaka 4 1 sat dok ražanj umetnut u sredinu ne izađe čist.

Sve-u-jednom kolač od banane i grožđica

Pravi kolač od 900 g/2 lb

450 g/1 lb zrelih banana, pasiranih

50 g/2 oz/½ šalice sjeckanih miješanih orašastih plodova

120 ml/4 fl oz/½ šalice suncokretovog ulja

100 g/4 oz/2/3 šalice grožđica

75 g/3 oz/¾ šalice valjane zobi

150 g/5 oz/1¼ šalice integralnog (cjelovitog) brašna

1,5 ml/¼ žličice esencije badema (ekstrakt)

Prstohvat soli

Pomiješajte sve sastojke u meku, vlažnu smjesu. Žlicom stavljajte u podmazan i obložen kalup za kruh (tepsiju) od 900 g/2 lb i pecite u prethodno zagrijanoj pećnici na 190°C/375°F/plinska oznaka 5 1 sat dok ne porumeni i dok ražnjić umetnut u sredinu ne izađe čist . Ohladite u kalupu 10 minuta prije nego što ga izvadite.

Torta od banane i viskija

Za jednu tortu od 25 cm/10

225 g/8 oz/1 šalica maslaca ili margarina, omekšalog

450 g/1 lb/2 šalice mekog smeđeg šećera

3 zrele banane, zgnječene

4 jaja, lagano tučena

175 g/6 oz/1½ šalice pekan oraha, grubo nasjeckanih

225 g/8 oz/11/3 šalice sultanki (zlatne grožđice)

350 g/12 oz/3 šalice glatkog (višenamjenskog) brašna

15 ml/1 žlica praška za pecivo

5 ml/1 žličica mljevenog cimeta

2,5 ml/½ žličice mljevenog đumbira

2,5 ml/½ žličice naribanog muškatnog oraščića

150 ml/¼ pinte/2/3 šalice viskija

Miksajte maslac ili margarin i šećer dok ne postane svijetlo i pjenasto. Umiješajte banane, pa postupno umiješajte jaja. Orahe i sultanije pomiješajte s velikom žlicom brašna, a zatim u posebnoj zdjeli pomiješajte preostalo brašno s praškom za pecivo i začinima. U smjesu s vrhnjem umiješajte brašno naizmjence s viskijem. Ubacite orahe i sultanije. Žlicom stavite smjesu u nepodmazan kalup za torte (tepsiju) veličine 25 cm/10 i pecite u prethodno zagrijanoj pećnici na 180°C/350°F/plinska oznaka 4 1¼ sata dok ne postane elastična na dodir. Ostavite da se ohladi u limu 10 minuta prije nego što ga okrenete na rešetku da se dovrši hlađenje.

Torta od borovnica

Za jednu tortu od 23 cm/9

175 g/6 oz/¾ šalice sitnog (superfinog) šećera

60 ml/4 žlice ulja

1 jaje, lagano tučeno

120 ml/4 fl oz/½ šalice mlijeka

225 g/8 oz/2 šalice glatkog (višenamjenskog) brašna

10 ml/2 žličice praška za pecivo

2,5 ml/½ žličice soli

225 g/8 oz borovnica

Za preljev:
50 g/2 oz/¼ šalice maslaca ili margarina, otopljenog

100 g/4 oz/½ šalice granuliranog šećera

50 g/2 oz/¼ šalice glatkog (višenamjenskog) brašna

2,5 ml/½ žličice mljevenog cimeta

Tucite zajedno šećer, ulje i jaje dok se dobro ne sjedine i poblijede. Umiješajte mlijeko pa umiješajte brašno, prašak za pecivo i sol. Ubacite borovnice. Žlicom izlijte smjesu u namašćen i pobrašnjen kalup za torte veličine 23 cm/9. Pomiješajte sastojke za preljev i pospite preko smjese. Pecite u prethodno zagrijanoj pećnici na 190°C/375°F/plinska oznaka 5 50 minuta dok ražanj umetnut u sredinu ne izađe čist. Poslužite toplo.

Kolač od višanja Kaldrma

Pravi kolač od 900 g/2 lb

175 g/6 oz/¾ šalice maslaca ili margarina, omekšalog

175 g/6 oz/¾ šalice sitnog (superfinog) šećera

3 jaja, istučena

225 g/8 oz/2 šalice glatkog (višenamjenskog) brašna

2,5 ml/½ žličice praška za pecivo

100 g/4 oz/2/3 šalice sultanije (zlatne grožđice)

150 g/5 oz/2/3 šalice glacé (kandiranih) trešanja, narezanih na četvrtine

225 g/8 oz svježih trešanja, bez koštica i prepolovljenih

30 ml/2 žlice džema od marelica (sačuvati)

Umutiti maslac ili margarin dok ne omekša pa umiješati šećer. Umiješajte jaja, zatim brašno, prašak za pecivo, sultanije i glacé višnje. Žlicom stavljajte u podmazan kalup za kruh (tepsiju) od 900 g/2 lb i pecite u prethodno zagrijanoj pećnici na 160°C/325°F/plinska oznaka 3 2½ sata. Ostavite u kalupu 5 minuta, zatim preokrenite na rešetku da se ohladi.

Po vrhu torte posložite višnje u nizu. Pekmez od marelica zakuhajte u maloj posudi, zatim ga procijedite i kistom premažite po vrhu kolača da se glazira.

Kolač od višanja i kokosa

Za jednu tortu od 20 cm/8

350 g/12 oz/3 šalice samodizajućeg (samodizajućeg) brašna

175 g/6 oz/¾ šalice maslaca ili margarina

225 g/8 oz/1 šalica glacé (kandiranih) trešanja, narezanih na četvrtine

100 g/4 oz/1 šalica osušenog (naribanog) kokosa

175 g/6 oz/¾ šalice sitnog (superfinog) šećera

2 velika jaja, lagano tučena

200 ml/7 tečnih oz/nedovoljno 1 šalica mlijeka

Stavite brašno u zdjelu i utrljajte u maslac ili margarin dok smjesa ne podsjeća na krušne mrvice. Višnje ubacite u kokos pa ih dodajte u smjesu sa šećerom i lagano promiješajte. Dodajte jaja i veći dio mlijeka. Dobro istucite, dodajući dodatno mlijeko ako je potrebno da dobijete meku konzistenciju. Prevrnuti u podmazan i obložen kalup za torte 20 cm/8. Pecite u prethodno zagrijanoj pećnici na 180°C/350°F/plinska oznaka 4 1½ sat dok ražanj umetnut u sredinu ne izađe čist.

Torta od višanja i sultanije

Pravi kolač od 900 g/2 lb

100 g/4 oz/½ šalice maslaca ili margarina, omekšalog

100 g/4 oz/½ šalice sitnog (superfinog) šećera

3 jaja, lagano tučena

100 g/4 oz/½ šalice glacé (kandiranih) višanja

350 g/12 oz/2 šalice sultana (zlatne grožđice)

175 g/6 oz/1½ šalice glatkog (višenamjenskog) brašna

Prstohvat soli

Miksajte maslac ili margarin i šećer dok ne postane svijetlo i pjenasto. Postupno dodajte jaja. Ubacite višnje i sultanije u malo brašna da se oblože, zatim umiješajte preostalo brašno u smjesu sa soli. Umiješajte višnje i sultanije. Žlicom stavite smjesu u podmazan i obložen kalup za kruh (tepsiju) od 900 g/2 lb i pecite u prethodno zagrijanoj pećnici na 160°C/325°F/plinska oznaka 3 1½ sata dok ražnjić umetnut u sredinu ne izađe čist.

Ledena torta od višanja i oraha

Za jednu tortu od 18 cm/7

100 g/4 oz/½ šalice maslaca ili margarina, omekšalog

100 g/4 oz/½ šalice sitnog (superfinog) šećera

2 jaja, lagano tučena

15 ml/1 žlica bistrog meda

150 g/5 oz/1¼ šalice samodizajućeg (samodizajućeg) brašna

5 ml/1 žličica praška za pecivo

Prstohvat soli

Za dekoraciju:

225 g/8 oz/11/3 šalice šećera u prahu (poslastičarskog), prosijanog

30 ml/2 žlice vode

Nekoliko kapi crvene prehrambene boje

4 glacé (ušećerene) trešnje prepolovljene

4 polovice oraha

Miksajte maslac ili margarin i šećer dok ne postane svijetlo i pjenasto. Postupno umiješajte jaja i med pa dodajte brašno, prašak za pecivo i sol. Žlicom stavite smjesu u podmazan i obložen kalup za torte (tepsiju) veličine 18 cm/8 i pecite u prethodno zagrijanoj pećnici na 190°C/375°F/ plinska oznaka 5 20 minuta dok se dobro ne digne i postane čvrsta na dodir. Ostaviti da se ohladi.

Stavite šećer u prahu u zdjelu i postupno umiješajte dovoljno vode da dobijete glazuru za mazanje (glazuru). Najviše premažite po vrhu torte. Preostalu glazuru obojite s nekoliko kapi prehrambene boje, dodajte još malo šećera u prahu ako glazura postane prerijetka. Premažite ili prelijte crvenu glazuru preko torte da je podijelite na kriške, a zatim ukrasite glaziranim višnjama i orasima.

Damson kolač

Za jednu tortu od 20 cm/8

100 g/4 oz/½ šalice maslaca ili margarina, omekšalog

75 g/3 oz/1/3 šalice mekog smeđeg šećera

2 jaja, lagano tučena

225 g/8 oz/2 šalice samodizajućeg (samodizajućeg) brašna

450 g/1 lb brašna, bez koštica i prepolovljenih

50 g/2 oz/½ šalice sjeckanih miješanih orašastih plodova.

Miksajte maslac ili margarin i šećer dok ne postanu svijetli i pjenasti, zatim postupno dodajte jaja, dobro tučeći nakon svakog dodavanja. Umiješajte brašno i bjelančevine. Žlicom stavite smjesu u podmazan i obložen kalup za torte (tepsiju) veličine 20 cm/8 i pospite orasima. Pecite u prethodno zagrijanoj pećnici na 190°C/375°F/plinska oznaka 5 45 minuta dok ne postane čvrsto na dodir. Ostavite da se ohladi u limu 10 minuta prije nego što ga okrenete na rešetku da se dovrši hlađenje.

Kolač od datulja i oraha

Za jednu tortu od 23 cm/9

300 ml/½ pt/1¼ šalice kipuće vode

225 g/8 oz/11/3 šalice datulja, bez koštica i nasjeckanih

5 ml/1 žličica sode bikarbone (soda bikarbona)

75 g/3 oz/1/3 šalice maslaca ili margarina, omekšalog

225 g/8 oz/1 šalica sitnog (superfinog) šećera

1 jaje, tučeno

275 g/10 oz/2½ šalice glatkog (višenamjenskog) brašna

Prstohvat soli

2,5 ml/½ žličice praška za pecivo

50 g/2 oz/½ šalice nasjeckanih oraha

Za preljev:

50 g/2 oz/¼ šalice mekog smeđeg šećera

25 g/1 oz/2 žlice maslaca ili margarina

30 ml/2 žlice mlijeka

Nekoliko polovica oraha za ukrašavanje

Stavite vodu, urme i sodu bikarbonu u posudu i ostavite da odstoji 5 minuta. Pjenasto izradite maslac ili margarin i šećer dok ne omekšaju, zatim umiješajte jaje s vodom i datulje. Pomiješajte brašno, sol i prašak za pecivo pa umiješajte u smjesu s orasima. Prevrnuti u podmazan i obložen kalup za torte (tepsiju) 23 cm/9 i peći u prethodno zagrijanoj pećnici na 180°C/350°F/plinska oznaka 4 1 sat dok ne bude čvrsto. Ohladite na rešetki.

Da biste napravili preljev, pomiješajte šećer, maslac i mlijeko dok ne postane glatko. Premažite tortu i ukrasite polovicama oraha.

Kolač od limuna

Za jednu tortu od 20 cm/8

175 g/6 oz/¾ šalice maslaca ili margarina, omekšalog

175 g/6 oz/¾ šalice sitnog (superfinog) šećera

2 jaja, istučena

225 g/8 oz/2 šalice samodizajućeg (samodizajućeg) brašna

Sok i naribana korica 1 limuna

60 ml/4 žlice mlijeka

Umiješajte maslac ili margarin i 100 g/4 oz/½ šalice šećera. Dodavati malo po malo jaja, zatim umiješati brašno i naribanu koricu limuna. Umiješajte dovoljno mlijeka da dobijete mekanu konzistenciju. Izlijte smjesu u namašćen i obložen kalup za torte veličine 20 cm/8 i pecite u prethodno zagrijanoj pećnici na 180°C/350°F/plin oznaka 4 1 sat dok ne naraste i ne porumeni. Preostali šećer otopite u soku od limuna. Vruću pogaču izbockati vilicom i preliti smjesom od soka. Ostaviti da se ohladi.

Kolač od naranče i badema

Za jednu tortu od 20 cm/8

4 jaja, odvojena

100 g/4 oz/½ šalice sitnog (superfinog) šećera

Naribana korica 1 naranče

50 g/2 oz/½ šalice badema, sitno nasjeckanih

50 g/2 oz/½ šalice mljevenih badema

Za sirup:

100 g/4 oz/½ šalice sitnog (superfinog) šećera

300 ml/½ pt/1¼ šalice soka od naranče

15 ml/1 žlica likera od naranče (po želji)

1 štapić cimeta

Umutiti žumanjke, šećer, narančinu koricu, bademe i mljevene bademe. Od bjelanjaka istucite čvrsti snijeg pa ga umiješajte u smjesu. Žlicom stavite u podmazan i pobrašnjen kalup za torte (tepsiju) veličine 20 cm/8 i pecite u prethodno zagrijanoj pećnici na 180°C/350°F/plinska oznaka 4 45 minuta dok ne postane čvrst na dodir. Sve izbockati štapićem i ostaviti da se ohladi.

U međuvremenu otopite šećer u soku od naranče i likeru, ako ga koristite, na laganoj vatri sa štapićem cimeta uz povremeno miješanje. Pustite da zavrije i kuhajte dok ne postane rijedak sirup. Bacite cimet. Toplim sirupom prelijte kolač i ostavite da se upije.

Ovseni kolač od kruha

Pravi kolač od 900 g/2 lb

100 g/4 oz/1 šalica zobenih pahuljica

300 ml/½ pt/1¼ šalice kipuće vode

100 g/4 oz/½ šalice maslaca ili margarina, omekšalog

225 g/8 oz/1 šalica mekog smeđeg šećera

225 g/8 oz/1 šalica sitnog (superfinog) šećera

2 jaja, lagano tučena

175 g/6 oz/1½ šalice glatkog (višenamjenskog) brašna

10 ml/2 žličice praška za pecivo

5 ml/1 žličica sode bikarbone (soda bikarbona)

5 ml/1 žličica mljevenog cimeta

Namočite zobene pahuljice u kipuću vodu. Miksajte maslac ili margarin i šećer dok ne postane svijetlo i pjenasto. Postupno umiješajte jaja pa umiješajte brašno, prašak za pecivo, sodu bikarbonu i cimet. Na kraju umiješajte smjesu zobenih pahuljica i miješajte dok se dobro ne sjedini. Žlicom stavljajte u podmazan i obložen kalup za kruh (tepsiju) od 900 g/2 lb i pecite u prethodno zagrijanoj pećnici na 180°C/350°F/plin oznaka 4 oko 1 sat dok ne postane čvrst na dodir.

Oštar kolač s glazurom od mandarina

Za jednu tortu od 20 cm/8

175 g/6 oz/3/4 šalice mekog margarina

250 g/9 oz/velikodušna 1 šalica sitnog (superfinog) šećera

225 g/8 oz/2 šalice samodizajućeg (samodizajućeg) brašna

5 ml/1 žličica praška za pecivo

3 jaja

Sitno naribana korica i sok 1 manje naranče

300 g/11 oz/1 srednja limenka mandarina, dobro ocijeđenih

Sitno naribana korica i sok 1/2 limuna

Pomiješajte margarin, 175 g/6 oz/3/4 šalice šećera, brašno, prašak za pecivo, jaja, narančinu koricu i sok u multipraktiku ili električnom mutilicom dok ne postane glatko. Man-darine grubo nasjeckajte i složite. Žlicom stavljajte u podmazan i obložen kalup za torte (tepsiju) veličine 20 cm/8. Zagladite površinu. Pecite u prethodno zagrijanoj pećnici na 180°C/350°F/plinska oznaka 4 1 sat i 10 minuta ili dok ražanj umetnut u sredinu ne izađe čist. Ohladite 5 minuta, zatim izvadite iz kalupa i stavite na rešetku. U međuvremenu pomiješajte preostali šećer s limunovom koricom i sokom u pastu. Premažite po vrhu i ostavite da se ohladi.

Kolač od naranče

Za jednu tortu od 20 cm/8

175 g/6 oz/¾ šalice maslaca ili margarina, omekšalog

175 g/6 oz/¾ šalice sitnog (superfinog) šećera

2 jaja, istučena

225 g/8 oz/2 šalice samodizajućeg (samodizajućeg) brašna

Sok i naribana korica 1 naranče

60 ml/4 žlice mlijeka

Umiješajte maslac ili margarin i 100 g/4 oz/½ šalice šećera. Dodavati malo po malo jaja pa umiješati brašno i naribanu koricu naranče. Umiješajte dovoljno mlijeka da dobijete mekanu konzistenciju. Smjesu izlijte u podmazan i obložen kalup za torte (tepsiju) veličine 20 cm/8 i pecite u prethodno zagrijanoj pećnici na 180°C/350°F/plinska oznaka 4 1 sat dok ne naraste i ne porumeni. Ostatak šećera otopite u soku od naranče. Vruću pogaču izbockati vilicom i preliti smjesom od soka. Ostaviti da se ohladi.

Kolač od breskvi

Za jednu tortu od 23 cm/9

100 g/4 oz/½ šalice maslaca ili margarina, omekšalog

225 g/8 oz/1 šalica sitnog (superfinog) šećera

3 jaja, odvojena

450 g/1 lb/4 šalice glatkog (višenamjenskog) brašna

Prstohvat soli

5 ml/1 žličica sode bikarbone (soda bikarbona)

120 ml/4 fl oz/½ šalice mlijeka

225 g/8 oz/2/3 šalice džema od breskve (sačuvati)

Pjenasto izradite maslac ili margarin i šećer. Postupno umiješajte žumanjke pa umiješajte brašno i sol. Pomiješajte sodu bikarbonu s mlijekom, pa umiješajte u smjesu za kolače, a zatim i džem. Od bjelanjaka umutite čvrsti snijeg pa ga umiješajte u smjesu. Žlicom rasporedite u dva podmazana i obložena kalupa (tepsije) veličine 23 cm/9 i pecite u prethodno zagrijanoj pećnici na 180°C/350°F/plinska oznaka 4 25 minuta dok dobro ne naraste i postane elastičan na dodir.

Torta od naranče i marsale

Za jednu tortu od 23 cm/9

175 g/6 oz/1 šalica sultana (zlatne grožđice)

120 ml/4 fl oz/½ šalice marsale

175 g/6 oz/¾ šalice maslaca ili margarina, omekšalog

100 g/4 oz/½ šalice mekog smeđeg šećera

225 g/8 oz/1 šalica sitnog (superfinog) šećera

3 jaja, lagano tučena

Sitno naribana korica 1 naranče

5 ml/1 žličica vode od cvijeta naranče

275 g/10 oz/2½ šalice glatkog (višenamjenskog) brašna

10 ml/2 žličice sode bikarbone (soda bikarbona)

Prstohvat soli

375 ml/13 tečnih oz/1½ šalice mlaćenice

Glazura od likera od naranče

Namočite sultanije u Marsali preko noći.

Miksajte maslac ili margarin i šećer dok ne postane svijetlo i pjenasto. Postupno umiješajte jaja pa umiješajte koricu naranče i vodu od cvijeta naranče. Dodavati brašno, sodu bikarbonu i sol naizmjenično s mlaćenicom. Umiješajte namočene sultanije i marsalu. Žlicom rasporedite u dva podmazana i obložena kalupa za torte (tepsije) veličine 23 cm/9 i pecite u prethodno zagrijanoj pećnici na 180°C/350°F/plinska oznaka 4 35 minuta dok ne postane elastično na dodir i počne se skupljati sa stijenki limenki. Ostavite da se ohladi u kalupima 10 minuta prije nego što ih okrenete na rešetku da se dovrše hlađenje.

Položite kolače u sendvič s polovicom glazure od narančinog likera, a zatim premažite preostalom glazurom po vrhu.

Kolač od breskve i kruške

Za jednu tortu od 23 cm/9

175 g/6 oz/¾ šalice maslaca ili margarina, omekšalog

150 g/5 oz/2/3 šalice sitnog (superfinog) šećera

2 jaja, lagano tučena

75 g/3 oz/¾ šalice integralnog (cjelovitog) brašna

75 g/3 oz/¾ šalice glatkog (višenamjenskog) brašna

10 ml/2 žličice praška za pecivo

15 ml/1 žlica mlijeka

2 breskve, bez koštica (koštica), oguljene i nasjeckane

2 kruške oguljene, očišćene od koštice i nasjeckane

30 ml/2 žlice šećera u prahu (slastičarskog), prosijanog

Miksajte maslac ili margarin i šećer dok ne postane svijetlo i pjenasto. Postupno umiješajte jaja, zatim umiješajte brašno i prašak za pecivo, dodajući mlijeko da smjesa postane padajuća. Savijte breskve i kruške. Žlicom izlijte smjesu u podmazan i obložen kalup za torte (tepsiju) promjera 23 cm/9 i pecite u prethodno zagrijanoj pećnici na 190°C/375°F/plinska oznaka 5 1 sat dok se dobro ne digne i postane elastičan na dodir. Ostavite da se ohladi u limu 10 minuta prije nego što ga okrenete na rešetku da se dovrši hlađenje. Prije posluživanja pospite šećerom u prahu.

Vlažni kolač od ananasa

Za jednu tortu od 20 cm/8

100 g/4 oz/½ šalice maslaca ili margarina

350 g/12 oz/2 šalice miješanog suhog voća (mješavina za voćni kolač)

225 g/8 oz/1 šalica mekog smeđeg šećera

5 ml/1 žličica mljevene mješavine začina (pita od jabuka).

5 ml/1 žličica sode bikarbone (soda bikarbona)

425 g/15 oz/1 velika konzerva nezaslađenog zdrobljenog ananasa, ocijeđenog

225 g/8 oz/2 šalice samodizajućeg (samodizajućeg) brašna

2 jaja, istučena

Sve sastojke osim brašna i jaja stavite u tavu i lagano zagrijte do točke vrenja, dobro miješajući. Kuhajte na laganoj vatri 3 minute, zatim ostavite da se smjesa potpuno ohladi. Umiješajte brašno, pa postupno umiješajte jaja. Izlijte smjesu u podmazan i obložen kalup za torte veličine 20 cm/8 i pecite u prethodno zagrijanoj pećnici na 180°C/350°F/plinska oznaka 4 1½–1¾ sata dok dobro ne naraste i postane čvrsta na dodir. Ostavite da se ohladi u limu.

Torta od ananasa i trešanja

Za jednu tortu od 20 cm/8

100 g/4 oz/½ šalice maslaca ili margarina, omekšalog

100 g/4 oz/1 šalica sitnog (superfinog) šećera

2 jaja, istučena

225 g/8 oz/2 šalice samodizajućeg (samodizajućeg) brašna

2,5 ml/½ žličice praška za pecivo

2,5 ml/½ žličice mljevenog cimeta

175 g/6 oz/1 šalica sultana (zlatne grožđice)

25 g/1 oz/2 žlice glacé (kandiranih) višanja

400 g/14 oz/1 velika konzerva ananasa, ocijeđenog i nasjeckanog

30 ml/2 žlice rakije ili ruma

Šećer u prahu (slastičarski), prosijani, za posipanje

Miksajte maslac ili margarin i šećer dok ne postane svijetlo i pjenasto. Postupno umiješajte jaja, zatim dodajte brašno, prašak za pecivo i cimet. Lagano umiješajte preostale sastojke. Žlicom stavite smjesu u podmazan i obložen kalup za torte (tepsiju) veličine 20 cm/8 i pecite u prethodno zagrijanoj pećnici na 160°C/325°F/plin oznaka 3 1½ sata dok ražnjić umetnut u sredinu ne izađe čist. Ostavite da se ohladi, pa poslužite posuto šećerom u prahu.

Natalna torta od ananasa

Za jednu tortu od 23 cm/9

50 g/2 oz/¼ šalice maslaca ili margarina

100 g/4 oz/½ šalice sitnog (superfinog) šećera

1 jaje, lagano tučeno

150 g/5 oz/1¼ šalice samodizajućeg (samodizajućeg) brašna

Prstohvat soli

120 ml/4 fl oz/½ šalice mlijeka

Za preljev:

100 g/4 oz svježeg ili konzerviranog ananasa, grubo naribanog

1 jestiva (desertna) jabuka, oguljena, bez jezgre i krupno naribana

120 ml/4 fl oz/½ šalice soka od naranče

15 ml/1 žlica soka od limuna

100 g/4 oz/½ šalice sitnog (superfinog) šećera

5 ml/1 žličica mljevenog cimeta

Otopite maslac ili margarin pa pjenasto umutite šećer i jaje. Umiješajte brašno i sol naizmjenično s mlijekom da napravite tijesto. Žlicom stavljajte u podmazan i obložen kalup za torte (tepsiju) veličine 23 cm/9 i pecite u prethodno zagrijanoj pećnici na 180°C/350°F/plinska oznaka 4 25 minuta dok ne porumene i ne postanu elastični.

Sve sastojke za preljev zakuhajte, pa kuhajte 10 minuta. Žlicom prelijte topli kolač i pecite na roštilju (pecite) dok ananas ne počne smeđiti. Ohladite prije posluživanja toplo ili hladno.

Ananas naopako

Za jednu tortu od 20 cm/8

175 g/6 oz/¾ šalice maslaca ili margarina, omekšalog

175 g/6 oz/¾ šalice mekog smeđeg šećera

400 g/14 oz/1 velika limenka kriški ananasa, ocijeđenih i sačuvanog soka

4 glacé (ušećerene) trešnje prepolovljene

2 jaja

100 g/4 oz/1 šalica samodizajućeg (samodizajućeg) brašna

Kremom izradite 75 g/3 oz/1/3 šalice maslaca ili margarina sa 75 g/3 oz/1/3 šalice šećera dok ne postane svijetlo i pjenasto te rasporedite po dnu namašćenog kalupa za tortu veličine 20 cm (tava). Rasporedite kriške ananasa na vrh i pošarajte ih trešnjama, zaobljenom stranom prema dolje. Pjenasto izradite preostali maslac ili margarin i šećer pa postupno umiješajte jaja. Umiješajte brašno i 30 ml/2 žlice ostavljenog soka od ananasa. Žlicom rasporedite ananas i pecite u prethodno zagrijanoj pećnici na 180°C/350°F/plinska oznaka 4 45 minuta dok ne postane čvrst na dodir. Ostavite da se ohladi u kalupu 5 minuta, zatim pažljivo izvadite iz kalupa i preokrenite na rešetku da se ohladi.

Kolač od ananasa i oraha

Za jednu tortu od 23 cm/9

225 g/8 oz/1 šalica maslaca ili margarina, omekšalog

225 g/8 oz/1 šalica sitnog (superfinog) šećera

5 jaja

350 g/12 oz/3 šalice glatkog (višenamjenskog) brašna

100 g/4 oz/1 šalica oraha, grubo nasjeckanih

100 g/4 oz/2/3 šalice glacé (ušećerenog) ananasa, nasjeckanog

Malo mlijeka

Miksajte maslac ili margarin i šećer dok ne postane svijetlo i pjenasto. Postupno umiješajte jaja, zatim dodajte brašno, orahe i ananas, dodajući tek toliko mlijeka da dobijete gustoću. Žlicom stavljajte u podmazan i obložen kalup za torte (tepsiju) veličine 23 cm/9 i pecite u prethodno zagrijanoj pećnici na 150°C/300°F/plinska oznaka 2 1½ sata dok ražnjić umetnut u sredinu ne izađe čist.

Kolač od malina

Za jednu tortu od 20 cm/8

100 g/4 oz/½ šalice maslaca ili margarina, omekšalog

200 g/7 oz/malo 1 šalica željenog (superfinog) šećera

2 jaja, lagano tučena

250 ml/8 tečnih oz/1 šalica kiselog (mliječnog kiselog) vrhnja

5 ml/1 žličica esencije vanilije (ekstrakt)

250 g/9 oz/2¼ šalice glatkog (višenamjenskog) brašna

5 ml/1 žličica praška za pecivo

5 ml/1 žličica sode bikarbone (soda bikarbona)

5 ml/1 žličica kakaa (nezaslađene čokolade) u prahu

2,5 ml/½ žličice soli

100 g/4 oz svježih ili odmrznutih smrznutih malina

Za preljev:

30 ml/2 žlice sitnog (superfinog) šećera

5 ml/1 žličica mljevenog cimeta

Pjenasto izradite maslac ili margarin i šećer. Postupno umiješajte jaja, zatim kiselo vrhnje i aromu vanilije. Umiješajte brašno, prašak za pecivo, sodu bikarbonu, kakao i sol. Ubacite maline. Žlicom stavite u podmazan kalup za torte (tepsiju) veličine 20 cm/8. Pomiješajte šećer i cimet i pospite po vrhu torte. Pecite u prethodno zagrijanoj pećnici na 200°C/400°F/plinska oznaka 4 35 minuta dok ne porumeni i dok ražnjić u sredini ne izađe čist. Pospite šećerom pomiješanim s cimetom.

Kolač od rabarbare

Za jednu tortu od 20 cm/8

225 g/8 oz/2 šalice integralnog (cjelovitog) brašna

10 ml/2 žličice praška za pecivo

10 ml/2 žličice mljevenog cimeta

45 ml/3 žlice bistrog meda

175 g/6 oz/1 šalica sultana (zlatne grožđice)

2 jaja

150 ml/¼ pt/2/3 šalice mlijeka

225 g/8 oz rabarbare, nasjeckane

30 ml/2 žlice demerara šećera

Pomiješajte sve sastojke osim rabarbare i šećera. Umiješajte rabarbaru i žlicom izlijte u namašćen i pobrašnjen kalup za torte (tepsiju) veličine 20 cm/8. Pospite šećerom. Pecite u prethodno zagrijanoj pećnici na 180°C/350°F/plinska oznaka 4 45 minuta dok ne postane čvrsta. Ostavite da se ohladi u kalupu 10 minuta prije nego što ga izvadite.

Rabarbara-medena torta

Pravi dva kolača od 450 g/1 lb

250 g/9 oz/2/3 šalice bistrog meda

120 ml/4 fl oz/½ šalice ulja

1 jaje, lagano tučeno

15 ml/1 žlica sode bikarbone (soda bikarbona)

150 ml/¼ pt/2/3 šalice običnog jogurta

75 ml/5 žlica vode

350 g/12 oz/3 šalice glatkog (višenamjenskog) brašna

10 ml/2 žličice soli

350 g/12 oz rabarbare, sitno nasjeckane

5 ml/1 žličica esencije vanilije (ekstrakt)

50 g/2 oz/½ šalice sjeckanih miješanih orašastih plodova

Za preljev:
75 g/3 oz/1/3 šalice mekog smeđeg šećera

5 ml/1 žličica mljevenog cimeta

15 ml/1 žlica otopljenog maslaca ili margarina

Pomiješajte med i ulje pa umutite jaje. Umiješajte sodu bikarbonu u jogurt i vodu dok se ne otopi. Brašno i sol pomiješajte i dodajte u smjesu meda naizmjenično s jogurtom. Umiješajte rabarbaru, aromu vanilije i orahe. Izlijte u dva namaštena i obložena kalupa za kruh (tepsije) od 450 g/1 lb. Pomiješajte sastojke za preljev i pospite po kolačima. Pecite u prethodno zagrijanoj pećnici na 160°C/325°F/plinska oznaka 3 1 sat dok ne postane čvrsta na dodir i zlatna na vrhu. Ostavite da se hladi u kalupima 10 minuta, zatim preokrenite na rešetku da se ohladi.

Kolač od cikle

Za jednu tortu od 20 cm/8

250 g/9 oz/1¼ šalice glatkog (višenamjenskog) brašna

15 ml/1 žlica praška za pecivo

5 ml/1 žličica mljevenog cimeta

Prstohvat soli

150 ml/8 tečnih oz/1 šalica ulja

300 g/11 oz/11/3 šalice sitnog (superfinog) šećera

3 jaja, odvojena

150 g/5 oz sirove cikle, oguljene i krupno naribane

150 g/5 oz mrkve, krupno naribane

100 g/4 oz/1 šalica nasjeckanih miješanih orašastih plodova

Pomiješajte brašno, prašak za pecivo, cimet i sol. Istucite ulje i šećer. Istucite žumanjke, ciklu, mrkvu i orahe. Od bjelanjaka umutiti čvrsti snijeg, pa metalnom žlicom umiješati u smjesu. Žlicom stavite smjesu u podmazan i obložen kalup za torte (tepsiju) veličine 20 cm/8 i pecite u prethodno zagrijanoj pećnici na 180°C/350°F/plinska oznaka 4 1 sat dok ne postane elastičan na dodir.

Kolač od mrkve i banane

Za jednu tortu od 20 cm/8

175 g/6 oz mrkve, naribane

2 banane, zgnječene

75 g/3 oz/½ šalice sultanije (zlatne grožđice)

50 g/2 oz/½ šalice sjeckanih miješanih orašastih plodova

175 g/6 oz/1½ šalice samodizajućeg (samodizajućeg) brašna

5 ml/1 žličica praška za pecivo

5 ml/1 žličica mljevene mješavine začina (pita od jabuka).

Sok i naribana korica 1 naranče

2 jaja, istučena

75 g/3 oz/1/2 šalice svijetlog muscovado šećera

100 ml/31/2 fl oz/malo 1/2 šalice suncokretovog ulja

Pomiješajte sve sastojke dok se dobro ne sjedine. Žlicom stavljajte u podmazan i obložen kalup za tortu (tepsiju) veličine 20 cm/8 i pecite u prethodno zagrijanoj pećnici na 180°C/350°F/ plinska oznaka 4 1 sat dok ražanj umetnut u sredinu ne izađe čist.

Kolač od mrkve i jabuke

Za jednu tortu od 23 cm/9

250 g/9 oz/2¼ šalice samodizajućeg (samodizajućeg) brašna

5 ml/1 žličica sode bikarbone (soda bikarbona)

5 ml/1 žličica mljevenog cimeta

175 g/6 oz/¾ šalice mekog smeđeg šećera

Sitno naribana korica 1 naranče

3 jaja

200 ml/7 tečnih oz/nedovoljno 1 šalica ulja

150 g/5 oz jestivih (desertnih) jabuka, oguljenih, bez jezgre i naribanih

150 g/5 oz mrkve, naribane

100 g/4 oz/2/3 šalice gotovih suhih marelica, nasjeckanih

100 g/4 oz/1 šalica pecan oraha ili oraha, nasjeckanih

Pomiješajte brašno, sodu bikarbonu i cimet pa umiješajte šećer i narančinu koricu. Jaja umutiti u ulje pa umiješati jabuku, mrkvu i dvije trećine marelica i orahe. Umiješajte smjesu od brašna i žlicom stavite u podmazan i obložen kalup za torte (tepsiju) veličine 23 cm/9. Pospite preostalim nasjeckanim marelicama i orasima. Pecite u prethodno zagrijanoj pećnici na 180°C/350°F/plinska oznaka 4 30 minuta dok ne postane elastično na dodir. Ostavite da se malo ohladi u kalupu, a zatim preokrenite na rešetku da se ohladi.

Kolač od mrkve i cimeta

Za jednu tortu od 20 cm/8

100 g/4 oz/1 šalica integralnog (cjelovitog) brašna

100 g/4 oz/1 šalica glatkog (višenamjenskog) brašna

15 ml/1 žlica mljevenog cimeta

5 ml/1 žličica naribanog muškatnog oraščića

10 ml/2 žličice praška za pecivo

100 g/4 oz/½ šalice maslaca ili margarina

100 g/4 oz/1/3 šalice bistrog meda

100 g/4 oz/½ šalice mekog smeđeg šećera

225 g/8 oz mrkve, naribane

Pomiješajte brašno, cimet, muškatni oraščić i prašak za pecivo u zdjeli. Otopite maslac ili margarin sa medom i šećerom, pa umiješajte u brašno. Umiješajte mrkvu i dobro sjedinite. Žlicom stavljajte u podmazan i obložen kalup za tortu (tepsiju) veličine 20 cm/8 i pecite u prethodno zagrijanoj pećnici na 160°C/325°F/plinska oznaka 3 1 sat dok ražanj umetnut u sredinu ne izađe čist. Ostavite da se hladi u kalupu 10 minuta, zatim preokrenite na rešetku da se ohladi.

Kolač od mrkve i tikvica

Za jednu tortu od 23 cm/9

2 jaja

175 g/6 oz/¾ šalice mekog smeđeg šećera

100 g/4 oz mrkve, naribane

50 g/2 oz tikvica (tikvica), naribanih

75 ml/5 žlica ulja

225 g/8 oz/2 šalice samodizajućeg (samodizajućeg) brašna

2,5 ml/½ žličice praška za pecivo

5 ml/1 žličica mljevene mješavine začina (pita od jabuka).

Glazura od krem sira

Pomiješajte jaja, šećer, mrkvu, tikvice i ulje. Umiješajte brašno, prašak za pecivo i pomiješane začine pa izmiješajte u glatku smjesu. Žlicom stavljajte u podmazan i obložen kalup za tortu (tepsiju) promjera 23 cm/9 i pecite u prethodno zagrijanoj pećnici na 180°C/350°F/ plinska oznaka 4 30 minuta dok ražnjić umetnut u sredinu ne izađe čist. Ostavite da se ohladi pa premažite glazurom od krem sira.

Kolač od mrkve i đumbira

Za jednu tortu od 20 cm/8

175 g/6 oz/2/3 šalice maslaca ili margarina

100 g/4 oz/1/3 šalice zlatnog (svijetlog kukuruznog) sirupa

120 ml/4 fl oz/½ šalice vode

100 g/4 oz/½ šalice mekog smeđeg šećera

150 g/5 oz mrkve, krupno naribane

5 ml/1 žličica sode bikarbone (soda bikarbona)

200 g/7 oz/1¾ šalice glatkog (višenamjenskog) brašna

100 g/4 oz/1 šalica samodizajućeg (samodizajućeg) brašna

5 ml/1 žličica mljevenog đumbira

Prstohvat soli

Za glazuru (glazuru):

175 g/6 oz/1 šalica šećera u prahu (poslastičarskog), prosijanog

5 ml/1 žličica maslaca ili margarina, omekšalog

30 ml/2 žlice soka od limuna

Otopite maslac ili margarin sa sirupom, vodom i šećerom, pa prokuhajte. Maknite s vatre i umiješajte mrkvu i sodu bikarbonu. Ostaviti da se ohladi. Pomiješajte brašno, đumbir i sol, žlicom sipajte u podmazan kalup za tortu (tepsiju) od 20 cm/8 i pecite u prethodno zagrijanoj pećnici na 180°C/350°F/plinska oznaka 4 45 minuta dok dobro ne naraste i ne postane elastično. dodir. Iskrenuti i ostaviti da se ohladi.

Pomiješajte šećer u prahu s maslacem ili margarinom i dovoljno limunovog soka da napravite glazuru za mazanje. Prerežite tortu vodoravno na pola, zatim upotrijebite polovicu glazure da spojite tortu u sendvič, a ostatak rasporedite po vrhu.

Kolač od mrkve i oraha

Za jednu tortu od 18 cm/7

2 velika jaja, odvojena

150 g/5 oz/2/3 šalice sitnog (superfinog) šećera

225 g/8 oz mrkve, naribane

150 g/5 oz/1¼ šalice nasjeckanih miješanih orašastih plodova

10 ml/2 žličice naribane limunove korice

50 g/2 oz/½ šalice glatkog (višenamjenskog) brašna

2,5 ml/½ žličice praška za pecivo

Žumanjke i šećer pjenasto izmiješajte dok ne postanu gusti i kremasti. Umiješajte mrkvu, orahe i limunovu koricu pa umiješajte brašno i prašak za pecivo. Bjelanjke umutiti dok ne postanu mekani snijeg pa ih umiješati u smjesu. Prevrnuti u podmazan četvrtasti kalup (tepsiju) veličine 19 cm/7. Pecite u prethodno zagrijanoj pećnici na 180°C/350°F/plinska oznaka 4 40-45 minuta dok ražanj umetnut u sredinu ne izađe čist.

Kolač od mrkve, naranče i oraha

Za jednu tortu od 20 cm/8

100 g/4 oz/½ šalice maslaca ili margarina, omekšalog

100 g/4 oz/½ šalice mekog smeđeg šećera

5 ml/1 žličica mljevenog cimeta

5 ml/1 žličica naribane narančine korice

2 jaja, lagano tučena

15 ml/1 žlica soka od naranče

100 g/4 oz mrkve, sitno naribane

50 g/2 oz/½ šalice sjeckanih miješanih orašastih plodova

225 g/8 oz/2 šalice samodizajućeg (samodizajućeg) brašna

5 ml/1 žličica praška za pecivo

Miksajte maslac ili margarin, šećer, cimet i koricu naranče dok ne postane svijetlo i pjenasto. Postupno umiješajte jaja i sok od naranče, zatim umiješajte mrkvu, orahe, brašno i prašak za pecivo. Žlicom stavljajte u podmazan i obložen kalup za torte (tepsiju) veličine 20 cm/8 i pecite u prethodno zagrijanoj pećnici na 180°C/350°F/plinska oznaka 4 45 minuta dok ne postane elastičan na dodir.

Kolač od mrkve, ananasa i kokosa

Za jednu tortu od 25 cm/10

3 jaja

350 g/12 oz/1½ šalice sitnog (vrlo finog) šećera

300 ml/½ pt/1¼ šalice ulja

5 ml/1 žličica esencije vanilije (ekstrakt)

225 g/8 oz/2 šalice glatkog (višenamjenskog) brašna

5 ml/1 žličica sode bikarbone (soda bikarbona)

10 ml/2 žličice mljevenog cimeta

5 ml/1 žličica soli

225 g/8 oz mrkve, naribane

100 g/4 oz konzerviranog ananasa, ocijeđenog i zgnječenog

100 g/4 oz/1 šalica osušenog (naribanog) kokosa

100 g/4 oz/1 šalica nasjeckanih miješanih orašastih plodova

Šećer u prahu (slastičarski), prosijani, za posipanje

Umutiti jaja, šećer, ulje i aromu vanilije. Pomiješajte brašno, sodu bikarbonu, cimet i sol te postupno umiješajte u smjesu. Ubacite mrkvu, ananas, kokos i orahe. Žlicom stavljajte u podmazan i pobrašnjen kalup za torte (tepsiju) veličine 25 cm/10 i pecite u prethodno zagrijanoj pećnici na 160°C/325°F/plinska oznaka 3 1¼ sata dok ražnjić umetnut u sredinu ne izađe čist. Ostavite da se ohladi u limu 10 minuta prije nego što ga okrenete na rešetku da se dovrši hlađenje. Prije posluživanja pospite šećerom u prahu.

Kolač od mrkve i pistacija

Za jednu tortu od 23 cm/9

100 g/4 oz/½ šalice maslaca ili margarina, omekšalog

100 g/4 oz/½ šalice sitnog (superfinog) šećera

2 jaja

225 g/8 oz/2 šalice glatkog (višenamjenskog) brašna

5 ml/1 žličica sode bikarbone (soda bikarbona)

5 ml/1 žličica mljevenog kardamoma

225 g/8 oz mrkve, naribane

50 g/2 oz/½ šalice nasjeckanih pistacija

50 g/2 oz/½ šalice mljevenih badema

100 g/4 oz/2/3 šalice sultanije (zlatne grožđice)

Miksajte maslac ili margarin i šećer dok ne postane svijetlo i pjenasto. Postupno umiješajte jaja, dobro umutiti nakon svakog dodavanja, zatim dodajte brašno, sodu bikarbonu i kardamom. Umiješajte mrkvu, orahe, mljevene bademe i grožđice. Žlicom stavite smjesu u podmazan i obložen kalup za torte (tepsiju) veličine 23 cm/9 i pecite u prethodno zagrijanoj pećnici na 180°C/350°F/plinska oznaka 4 40 minuta dok se dobro ne digne, postane zlatna i elastična na dodir.

Kolač od mrkve i oraha

Za jednu tortu od 23 cm/9

200 ml/7 tečnih oz/nedovoljno 1 šalica ulja

4 jaja

225 g/8 oz/2/3 šalice bistrog meda

225 g/8 oz/2 šalice integralnog (cjelovitog) brašna

10 ml/2 žličice praška za pecivo

2,5 ml/½ žličice sode bikarbone (soda bikarbona)

Prstohvat soli

5 ml/1 žličica esencije vanilije (ekstrakt)

175 g/6 oz mrkve, grubo naribane

175 g/6 oz/1 šalica grožđica

100 g/4 oz/1 šalica oraha, sitno nasjeckanih

Pomiješajte ulje, jaja i med. Postupno umiješajte sve preostale sastojke i tucite dok se dobro ne sjedine. Žlicom stavljajte u podmazan i pobrašnjen kalup za torte (tepsiju) veličine 23 cm/9 i pecite u prethodno zagrijanoj pećnici na 180°C/350°F/plinska oznaka 4 1 sat dok ražanj umetnut u sredinu ne izađe čist.

Začinjeni kolač od mrkve

Za jednu tortu od 18 cm/7

175 g/6 oz/1 šalica datulja

120 ml/4 fl oz/½ šalice vode

175 g/6 oz/¾ šalice maslaca ili margarina, omekšalog

2 jaja, lagano tučena

225 g/8 oz/2 šalice samodizajućeg (samodizajućeg) brašna

175 g/6 oz mrkve, sitno naribane

25 g/1 oz/¼ šalice mljevenih badema

Naribana korica 1 naranče

2,5 ml/½ žličice mljevene mješavine začina (pita od jabuka).

2,5 ml/½ žličice mljevenog cimeta

2,5 ml/½ žličice mljevenog đumbira

Za glazuru (glazuru):

350 g/12 oz/1½ šalice kvarka

25 g/1 oz/2 žlice maslaca ili margarina, omekšalog

Naribana korica 1 naranče

Stavite datulje i vodu u malu tavu, zakuhajte i kuhajte na laganoj vatri 10 minuta dok ne omekšaju. Izvadite i bacite koštice (koštice), pa datulje sitno nasjeckajte. Kremasto miksajte datulje i tekućinu, maslac ili margarin i jaja. Umiješajte sve preostale sastojke za kolač. Žlicom stavite smjesu u podmazan i obložen kalup za torte (tepsiju) veličine 18 cm/7 i pecite u prethodno zagrijanoj pećnici na 180°C/350°F/plinska oznaka 4 1 sat dok ražanj umetnut u sredinu ne izađe čist. Ostavite da se ohladi u limu 10 minuta prije nego što ga okrenete na rešetku da se dovrši hlađenje.

Kako biste napravili glazuru, tucite sve sastojke dok ne dobijete konzistenciju za mazanje, dodajući još malo soka od naranče ili vode ako je potrebno. Prerežite tortu vodoravno na pola, spojite slojeve zajedno s polovicom glazure i rasporedite ostatak po vrhu.

Kolač od mrkve i smeđeg šećera

Za jednu tortu od 18 cm/7

5 jaja, odvojenih

200 g/7 oz/malo 1 šalica mekog smeđeg šećera

15 ml/1 žlica soka od limuna

300 g/10 oz mrkve, naribane

225 g/8 oz/2 šalice mljevenih badema

25 g/1 oz/¼ šalice integralnog (cjelovitog) brašna

5 ml/1 žličica mljevenog cimeta

25 g/1 oz/2 žlice maslaca ili margarina, otopljenog

25 g/1 oz/2 žlice sitnog (superfinog) šećera

30 ml/2 žlice jednostruke (lagane) kreme

75 g/3 oz/¾ šalice sjeckanih miješanih orašastih plodova

Istucite žumanjke dok ne postanu pjenasti, umiješajte šećer dok ne postane glatko, a zatim umiješajte sok od limuna. Umiješajte trećinu mrkve, zatim trećinu badema i nastavite tako dok se sve ne sjedini. Umiješajte brašno i cimet. Od bjelanjaka umutite čvrsti snijeg pa ga metalnom žlicom umiješajte u smjesu. Okrenite u namašćen i obložen kalup dubok 18 cm/7 u kalup za torte (tepsiju) i pecite u prethodno zagrijanoj pećnici na 180°C/350°F/plinska oznaka 4 1 sat. Lagano pokrijte kolač masnim (voštanim) papirom i smanjite temperaturu pećnice na 160°C/325°F/plinska oznaka 3 daljnjih 15 minuta ili dok se kolač malo ne skupi sa stranica kalupa, a sredina još uvijek bude vlažna . Ostavite kolač u kalupu dok se ne zagrije, a zatim ga okrenite da se ohladi.

Pomiješajte otopljeni puter ili margarin, šećer, vrhnje i orahe, prelijte preko kolača i pecite na srednjem žaru (briler) dok ne porumeni.

Kolač od tikvica i srži

Za jednu tortu od 20 cm/8

225 g/8 oz/1 šalica sitnog (superfinog) šećera

2 jaja, istučena

120 ml/4 fl oz/½ šalice ulja

100 g/4 oz/1 šalica glatkog (višenamjenskog) brašna

5 ml/1 žličica praška za pecivo

2,5 ml/½ žličice sode bikarbone (soda bikarbona)

2,5 ml/½ žličice soli

100 g/4 oz tikvica (tikvice), naribane

100 g/4 oz zdrobljenog ananasa

50 g/2 oz/½ šalice nasjeckanih oraha

5 ml/1 žličica esencije vanilije (ekstrakt)

Tucite zajedno šećer i jaja dok ne postanu blijeda i dobro izmiješana. Umutiti ulje pa suhe sastojke. Umiješajte tikvice, ananas, orahe i aromu vanilije. Žlicom stavljajte u podmazan i pobrašnjen kalup za torte (tepsiju) veličine 20 cm/8 i pecite u prethodno zagrijanoj pećnici na 180°C/350°F/plinska oznaka 4 1 sat dok ražanj umetnut u sredinu ne izađe čist. Ostavite da se hladi u limu 30 minuta prije nego što ga okrenete na rešetku da se dovrši hlađenje.

Kolač od tikvica i naranče

Za jednu tortu od 25 cm/10

225 g/8 oz/1 šalica maslaca ili margarina, omekšalog

450 g/1 lb/2 šalice mekog smeđeg šećera

4 jaja, lagano tučena

275 g/10 oz/2½ šalice glatkog (višenamjenskog) brašna

15 ml/1 žlica praška za pecivo

2,5 ml/½ žličice soli

5 ml/1 žličica mljevenog cimeta

2,5 ml/½ žličice naribanog muškatnog oraščića

Prstohvat mljevenog klinčića

Naribana korica i sok 1 naranče

225 g/8 oz/2 šalice tikvica (tikvica), naribanih

Miksajte maslac ili margarin i šećer dok ne postane svijetlo i pjenasto. Postupno umiješajte jaja pa dodajte brašno, prašak za pecivo, sol i začine naizmjenično s koricom i sokom od naranče. Umiješajte tikvice. Žlicom stavljajte u podmazan i obložen kalup za tortu (tepsiju) veličine 25 cm/10 i pecite u prethodno zagrijanoj pećnici na 180°C/350°F/plinska oznaka 4 1 sat dok ne porumeni i postane elastičan na dodir. Ako gornja strana pred kraj pečenja počne previše rumeniti, prekrijte masnim (voštanim) papirom.

Začinjena torta od tikvica

Za jednu tortu od 25 cm/10

350 g/12 oz/3 šalice glatkog (višenamjenskog) brašna

10 ml/2 žličice praška za pecivo

7,5 ml/1½ žličice mljevenog cimeta

5 ml/1 žličica sode bikarbone (soda bikarbona)

2,5 ml/½ žličice soli

8 bjelanjaka

450 g/1 lb/2 šalice sitnog (superfinog) šećera

100 g/4 oz/1 šalica pirea od jabuke (umak)

120 ml/4 fl oz/½ šalice mlaćenice

15 ml/1 žlica esencije vanilije (ekstrakt)

5 ml/1 žličica sitno naribane narančine korice

350 g/12 oz/3 šalice tikvica (tikvice), naribane

75 g/3 oz/¾ šalice nasjeckanih oraha

Za preljev:

100 g/4 oz/½ šalice krem sira

25 g/1 oz/2 žlice maslaca ili margarina, omekšalog

5 ml/1 žličica sitno naribane narančine korice

10 ml/2 žličice soka od naranče

350 g/12 oz/2 šalice šećera u prahu (poslastičarskog), prosijanog

Pomiješajte suhe sastojke. Tucite bjelanjke dok ne dobiju mekane vrhove. Polako umiješajte šećer, zatim pire od jabuke, mlaćenicu, aromu vanilije i koricu naranče. Umiješajte smjesu od brašna, zatim tikvice i orahe. Žlicom stavljajte u podmazan i pobrašnjen kalup za tortu (tepsiju) veličine 25 cm/10 i pecite u prethodno zagrijanoj pećnici na 150°C/300°F/plinska oznaka 2 1 sat dok ražnjić umetnut u sredinu ne izađe čist. Ostaviti da se ohladi u plehu.

Pomiješajte sve sastojke za preljev dok ne postanu glatki, dodajući dovoljno šećera da dobijete konzistenciju za mazanje. Premažite preko ohlađenog kolača.

Kolač od bundeve

Za jednu tortu veličine 23 x 33 cm/9 x 13 cm

450 g/1 lb/2 šalice sitnog (superfinog) šećera

4 jaja, istučena

375 ml/13 tečnih oz/1½ šalice ulja

350 g/12 oz/3 šalice glatkog (višenamjenskog) brašna

15 ml/1 žlica praška za pecivo

10 ml/2 žličice sode bikarbone (soda bikarbona)

10 ml/2 žličice mljevenog cimeta

2,5 ml/½ žličice mljevenog đumbira

Prstohvat soli

225 g/8 oz kuhane bundeve narezane na kockice

100 g/4 oz/1 šalica nasjeckanih oraha

Tucite zajedno šećer i jaja dok se dobro ne sjedine, a zatim umiješajte ulje. Umiješajte preostale sastojke. Žlicom stavite u namašćen i pobrašnjen kalup za pečenje (tepsiju) veličine 23 x 33 cm/ 9 x 13 i pecite u prethodno zagrijanoj pećnici na 180°C/350°F/plinska oznaka 4 1 sat dok ražanj zaboden u sredinu ne izađe van čist.

Torta od bundeve s plodovima

Za jednu tortu od 20 cm/8

100 g/4 oz/½ šalice maslaca ili margarina, omekšalog

150 g/5 oz/2/3 šalice mekog smeđeg šećera

2 jaja, lagano tučena

225 g/8 oz hladno kuhane bundeve

30 ml/2 žlice zlatnog (svijetlog kukuruznog) sirupa

225 g/8 oz 1/1/3 šalice miješanog sušenog voća (mješavina za voćni kolač)

225 g/8 oz/2 šalice samodizajućeg (samodizajućeg) brašna

50 g/2 oz/½ šalice mekinja

Miksajte maslac ili margarin i šećer dok ne postane svijetlo i pjenasto. Postupno umiješajte jaja, a zatim umiješajte preostale sastojke. Žlicom stavljajte u podmazan i obložen kalup za torte (tepsiju) veličine 20 cm/8 i pecite u prethodno zagrijanoj pećnici na 160°C/325°F/plinska oznaka 3 1¼ sata dok ražnjić umetnut u sredinu ne izađe čist.

Začinjena rolada od bundeve

Za jednu rolu od 30 cm/12

75 g/3 oz/¾ šalice glatkog (višenamjenskog) brašna

5 ml/1 žličica sode bikarbone (soda bikarbona)

5 ml/1 žličica mljevenog đumbira

2,5 ml/½ žličice naribanog muškatnog oraščića

10 ml/2 žličice mljevenog cimeta

Prstohvat soli

1 jaje

225 g/8 oz/1 šalica sitnog (superfinog) šećera

100 g/4 oz kuhane bundeve, narezane na kockice

5 ml/1 žličica soka od limuna

4 bjelanjka

50 g/2 oz/½ šalice nasjeckanih oraha

50 g/2 oz/1/3 šalice šećera u prahu (slastičarskog), prosijanog

Za nadjev:

175 g/6 oz/1 šalica šećera u prahu (poslastičarskog), prosijanog

100 g/4 oz/½ šalice krem sira

2,5 ml/½ žličice esencije vanilije (ekstrakt)

Pomiješajte brašno, sodu bikarbonu, začine i sol. Tucite jaje dok ne postane gusto i blijedo, zatim tucite šećer dok smjesa ne postane blijeda i kremasta. Umiješajte sok od bundeve i limuna. Umiješajte smjesu brašna. U čistoj posudi istucite čvrsti snijeg od bjelanjaka. Složiti u smjesu za torte i rasporediti u podmazan i obložen kalup za rolade 30 x 12 cm/12 x 8 u švicarskom kalupu za rolade (žele rolada) i po vrhu posuti orasima. Pecite u prethodno zagrijanoj pećnici na 190°C/375°F/plinska oznaka 5 10 minuta dok ne postane elastično na dodir. Prosijte šećer u prahu preko čiste kuhinjske krpe (krpe za suđe) i okrenite kolač na ubrus. Skinuti papir za oblaganje i zarolati tortu i ubrus pa ostaviti da se ohladi.

Da biste napravili nadjev, postupno umiješajte šećer u krem sir i asenciju vanilije dok ne dobijete smjesu za mazanje. Tortu razmotati i po vrhu premazati nadjevom. Kolač ponovno zarolajte i ohladite prije posluživanja posutog s još malo šećera u prahu.

Kolač od rabarbare i meda

Pravi dva kolača od 450 g/1 lb

250 g/9 oz/¾ šalice bistrog meda

100 ml/4 fl oz/½ šalice ulja

1 jaje

5 ml/1 žličica sode bikarbone (soda bikarbona)

60 ml/4 žlice vode

350 g/12 oz/3 šalice integralnog (cjelovitog) brašna

10 ml/2 žličice soli

350 g/12 oz rabarbare, sitno nasjeckane

5 ml/1 žličica esencije vanilije (ekstrakt)

50 g/2 oz/½ šalice sjeckanih miješanih orašastih plodova (nije obavezno)

Za preljev:
75 g/3 oz/1/3 šalice muscovado šećera

5 ml/1 žličica mljevenog cimeta

15 g/½ oz/1 žlica maslaca ili margarina, omekšalog

Pomiješajte med i ulje. Dodajte jaje i dobro umutite. Dodajte sodu bikarbonu u vodu i ostavite da se otopi. Pomiješajte brašno i sol. Dodajte u smjesu meda naizmjence sa smjesom sode bikarbone. Umiješajte rabarbaru, aromu vanilije i orahe, ako ih koristite. Ulijte u dva namašćena kalupa za kruh (tepsije) od 450 g/1 lb. Pomiješajte sastojke za preljev i premažite smjesu za kolač. Pecite u prethodno zagrijanoj pećnici na 180°C/350°F/plinska oznaka 4 1 sat dok ne postane elastično na dodir.

Torta od batata

Za jednu tortu od 23 cm/9

300 g/11 oz/2¾ šalice glatkog (višenamjenskog) brašna

15 ml/1 žlica praška za pecivo

5 ml/1 žličica mljevenog cimeta

5 ml/1 žličica naribanog muškatnog oraščića

Prstohvat soli

350 g/12 oz/1¾ šalice sitnog (superfinog) šećera

375 ml/13 tečnih oz/1½ šalice ulja

60 ml/4 žlice prokuhane vode

4 jaja, odvojena

225 g/8 oz slatkog krumpira, oguljenog i grubo naribanog

100 g/4 oz/1 šalica nasjeckanih miješanih orašastih plodova

5 ml/1 žličica esencije vanilije (ekstrakt)

Za glazuru (glazuru):

225 g/8 oz/11/3 šalice šećera u prahu (poslastičarskog), prosijanog

50 g/2 oz/¼ šalice maslaca ili margarina, omekšalog

250 g/9 oz/1 srednja posuda krem sira

50 g/2 oz/½ šalice sjeckanih miješanih orašastih plodova

Prstohvat mljevenog cimeta za posipanje

Pomiješajte brašno, prašak za pecivo, cimet, muškatni oraščić i sol. Pomiješajte šećer i ulje, zatim dodajte kipuću vodu i mutite dok se dobro ne sjedini. Dodajte smjesu žumanjaka i brašna i miješajte dok se dobro ne sjedini. Umiješajte slatki krumpir, orahe i aromu vanilije. Od bjelanjaka istucite čvrsti snijeg pa ga umiješajte u smjesu. Žlicom rasporedite u dva namašćena i pobrašnjena kalupa (tepsije) veličine 23 cm/9 i pecite u prethodno zagrijanoj pećnici na 180°C/350°F/ plinska oznaka 4 40 minuta dok ne postane elastičan na dodir. Ostavite da se hladi u kalupima 5 minuta, zatim preokrenite na rešetku da se ohladi.

Pomiješajte šećer u prahu, maslac ili margarin i pola krem sira. Polovicom preostalog krem sira premažite jednu tortu, a zatim glazurom premažite sir. Sendvič kolačića zajedno. Prije posluživanja rasporedite preostali krem sir po vrhu i pospite orašastim plodovima i cimetom.

Talijanski kolač od badema

Za jednu tortu od 20 cm/8

1 jaje

150 ml/¼ pt/2/3 šalice mlijeka

2,5 ml/½ žličice esencije badema (ekstrakt)

45 ml/3 žlice maslaca, otopljenog

350 g/12 oz/3 šalice glatkog (višenamjenskog) brašna

100 g/4 oz/½ šalice sitnog (superfinog) šećera

10 ml/2 žličice praška za pecivo

2,5 ml/½ žličice soli

1 bjelanjak

100 g/4 oz/1 šalica nasjeckanih badema

U zdjelu umutite jaje, zatim mutući postupno dodajte mlijeko, esenciju badema i otopljeni maslac. Dodajte brašno, šećer, prašak za pecivo i sol i nastavite miksati dok smjesa ne postane glatka. Žlicom stavite u podmazan i obložen kalup za torte (tepsiju) veličine 20 cm/8. Umutite bjelanjak dok ne postane pjenast, zatim obilato premažite vrh torte i pospite bademima. Pecite u prethodno zagrijanoj pećnici na 220°C/425°F/plinska oznaka 7 25 minuta dok ne porumene i postanu elastični na dodir.

Torta od badema i kave

Za jednu tortu od 23 cm/9

8 jaja, odvojenih

175 g/6 oz/¾ šalice sitnog (superfinog) šećera

60 ml/4 žlice jake crne kave

175 g/6 oz/1½ šalice mljevenih badema

45 ml/3 žlice griza (pšenične kreme)

100 g/4 oz/1 šalica glatkog (višenamjenskog) brašna

Istucite žumanjke i šećer dok ne postanu vrlo gusti i kremasti. Dodajte kavu, mljevene bademe i griz i dobro umutite. Umiješajte brašno. Od bjelanjaka istucite čvrsti snijeg pa ga umiješajte u smjesu. Žlicom stavljajte u podmazan kalup za torte (tepsiju) veličine 23 cm/9 i pecite u prethodno zagrijanoj pećnici na 180°C/350°F/plinska oznaka 4 45 minuta dok ne postane elastičan na dodir.

Torta od badema i meda

Za jednu tortu od 20 cm/8

225 g/8 oz mrkve, naribane

75 g/3 oz/¾ šalice nasjeckanih badema

2 jaja, istučena

100 ml/4 fl oz/½ šalice bistrog meda

60 ml/4 žlice ulja

150 ml/¼ pt/2/3 šalice mlijeka

150 g/5 oz/1¼ šalice integralnog (cjelovitog) brašna

10 ml/2 žličice soli

10 ml/2 žličice sode bikarbone (soda bikarbona)

15 ml/1 žlica mljevenog cimeta

Pomiješajte mrkvu i orahe. Umutite jaja s medom, uljem i mlijekom, pa umiješajte u smjesu od mrkve. Pomiješajte brašno, sol, sodu bikarbonu i cimet te umiješajte u smjesu od mrkve. Žlicom stavite smjesu u podmazan i obložen četvrtasti kalup za torte (tepsiju) veličine 20 cm/8 i pecite u prethodno zagrijanoj pećnici na 150°C/300°F/plinska oznaka 2 1¾ sata dok ražnjić umetnut u sredinu ne izađe čist . Ostavite da se ohladi u kalupu 10 minuta prije nego što ga izvadite.

Kolač od badema i limuna

Za jednu tortu od 23 cm/9

25 g/1 oz/¼ šalice narezanih badema u lističima

100 g/4 oz/½ šalice maslaca ili margarina, omekšalog

100 g/4 oz/½ šalice mekog smeđeg šećera

2 jaja, istučena

100 g/4 oz/1 šalica samodizajućeg (samodizajućeg) brašna

Naribana korica 1 limuna

Za sirup:
75 g/3 oz/1/3 šalice sitnog (superfinog) šećera

45–60 ml/3–4 žlice limunova soka

Namastite i obložite kalup za tortu (tepsiju) veličine 23 cm/9 i pospite bademe po podlozi. Pjenasto izradite maslac i smeđi šećer. Umutiti jedno po jedno jaje pa dodati brašno i limunovu koricu. Žlicom stavite pripremljeni lim i poravnajte površinu. Pecite u prethodno zagrijanoj pećnici na 180°C/350°F/plinska oznaka 4 20-25 minuta dok dobro ne naraste i postane elastičan na dodir.

U međuvremenu u tavi zagrijte šećer i limunov sok uz povremeno miješanje dok se šećer ne otopi. Izvadite kolač iz pećnice i ostavite da se hladi 2 minute, zatim ga preokrenite na rešetku s bazom prema gore. Zalijte sirupom, pa ostavite da se potpuno ohladi.

Kolač od badema s narančom

Za jednu tortu od 20 cm/8

225 g/8 oz/1 šalica maslaca ili margarina, omekšalog

225 g/8 oz/1 šalica sitnog (superfinog) šećera

4 jaja, odvojena

225 g/8 oz/2 šalice glatkog (višenamjenskog) brašna

10 ml/2 žličice praška za pecivo

50 g/2 oz/½ šalice mljevenih badema

5 ml/1 žličica naribane narančine korice

Miksajte maslac ili margarin i šećer dok ne postane svijetlo i pjenasto. Umutiti žumanjke pa umiješati brašno, prašak za pecivo, mljevene bademe i koricu naranče. Od bjelanjaka umutiti čvrsti snijeg, pa metalnom žlicom umiješati u smjesu. Žlicom stavljajte u podmazan i obložen kalup za tortu (tepsiju) veličine 20 cm/8 i pecite u prethodno zagrijanoj pećnici na 180°C/350°F/ plinska oznaka 4 1 sat dok ražanj umetnut u sredinu ne izađe čist.

Bogata torta od badema

Za jednu tortu od 18 cm/7

100 g/4 oz/½ šalice maslaca ili margarina, omekšalog

150 g/5 oz/2/3 šalice sitnog (superfinog) šećera

3 jaja, lagano tučena

75 g/3 oz/¾ šalice mljevenih badema

50 g/2 oz/½ šalice glatkog (višenamjenskog) brašna

Nekoliko kapi esencije badema (ekstrakt)

Miksajte maslac ili margarin i šećer dok ne postane svijetlo i pjenasto. Postupno umiješajte jaja, zatim umiješajte mljevene bademe, brašno i esenciju badema. Žlicom stavljajte u podmazan i obložen kalup za torte (tepsiju) 18 cm/7 i pecite u prethodno zagrijanoj pećnici na 180°C/350°F/plinska oznaka 4 45 minuta dok ne postane elastičan na dodir.

Švedski kolač od makarona

Za jednu tortu od 23 cm/9

100 g/4 oz/1 šalica mljevenih badema

75 g/3 oz/1/3 šalice granuliranog šećera

5 ml/1 žličica praška za pecivo

2 velika bjelanjka umućena

Pomiješajte bademe, šećer i prašak za pecivo. Umiješajte snijeg od bjelanjaka dok smjesa ne postane gusta i glatka. Žlicom stavljajte u podmazan i obložen lim za sendviče (tepsiju) veličine 23 cm/9 i pecite u prethodno zagrijanoj pećnici na 160°C/325°F/plinska oznaka 3 20–25 minuta dok ne naraste i ne poprimi zlatnu boju. Vrlo pažljivo izvadite iz kalupa jer je torta krhka.

Štruca od kokosa

Za jednu štrucu od 450 g/1 lb

100 g/4 oz/1 šalica samodizajućeg (samodizajućeg) brašna

225 g/8 oz/1 šalica sitnog (superfinog) šećera

100 g/4 oz/1 šalica osušenog (naribanog) kokosa

1 jaje

120 ml/4 fl oz/½ šalice mlijeka

Prstohvat soli

Sve sastojke dobro izmiješajte i žlicom izlijte u podmazan i obložen kalup za kruh (tepsija) od 450 g/1 lb. Pecite u prethodno zagrijanoj pećnici na 180°C/350°F/plinska oznaka 4 oko 1 sat dok ne porumene i postanu elastične na dodir.

Kolač od kokosa

Za jednu tortu od 23 cm/9

75 g/3 oz/1/3 šalice maslaca ili margarina

150 ml/¼ pt/2/3 šalice mlijeka

2 jaja, lagano tučena

225 g/8 oz/1 šalica sitnog (superfinog) šećera

150 g/5 oz/1¼ šalice samodizajućeg (samodizajućeg) brašna

Prstohvat soli

Za preljev:

100 g/4 oz/½ šalice maslaca ili margarina

75 g/3 oz/¾ šalice sušenog (naribanog) kokosa

60 ml/4 žlice bistrog meda

45 ml/3 žlice mlijeka

50 g/2 oz/¼ šalice mekog smeđeg šećera

Otopite maslac ili margarin u mlijeku, pa ostavite da se malo ohladi. Tucite zajedno jaja i šećer dok ne postanu svijetla i pjenasta, zatim umiješajte smjesu maslaca i mlijeka. Umiješajte brašno i sol da dobijete prilično rijetku smjesu. Žlicom stavljajte u podmazan i obložen kalup za torte (tepsiju) veličine 23 cm/9 i pecite u prethodno zagrijanoj pećnici na 180°C/350°F/plinska oznaka 4 40 minuta dok ne porumene i ne postanu elastični na dodir.

Za to vrijeme u tavi zakuhajte sastojke za preljev. Topli kolač okrenuti i žlicom preliti smjesu za preljev. Stavite pod vrući roštilj (broilere) nekoliko minuta dok preljev tek ne počne smeđiti.

Zlatni kolač od kokosa

Za jednu tortu od 20 cm/8

100 g/4 oz/½ šalice maslaca ili margarina, omekšalog

200 g/7 oz/malo 1 šalica željenog (superfinog) šećera

200 g/7 oz/1¾ šalice glatkog (višenamjenskog) brašna

10 ml/2 žličice praška za pecivo

Prstohvat soli

175 ml/6 tečnih oz/¾ šalice mlijeka

3 bjelanjka

Za nadjev i preljev:
150 g/5 oz/1¼ šalice osušenog (naribanog) kokosa

200 g/7 oz/malo 1 šalica željenog (superfinog) šećera

120 ml/4 fl oz/½ šalice mlijeka

120 ml/4 fl oz/½ šalice vode

3 žumanjka

Miksajte maslac ili margarin i šećer dok ne postane svijetlo i pjenasto. Umiješajte brašno, prašak za pecivo i sol u smjesu naizmjenično s mlijekom i vodom dok ne dobijete glatko tijesto. Od bjelanjaka istucite čvrsti snijeg pa ga umiješajte u smjesu. Žlicom rasporedite smjesu u dva podmazana kalupa (tepsije) veličine 20 cm/8 i pecite u prethodno zagrijanoj pećnici na 180°C/350°F/plin oznaka 4 25 minuta dok ne postane elastičan na dodir. Ostaviti da se ohladi.

Pomiješajte kokos, šećer, mlijeko i žumanjke u maloj tavi. Zagrijte na laganoj vatri nekoliko minuta dok se jaja ne skuhaju uz stalno miješanje. Ostaviti da se ohladi. Sendviči kolačića zajedno s polovicom kokosove smjese, a zatim žlicom dodajte ostatak na vrh.

Slojeviti kolač od kokosa

Za jednu tortu 9 x 18 cm/3½ x 7

100 g/4 oz/½ šalice maslaca ili margarina, omekšalog

175 g/6 oz/¾ šalice sitnog (superfinog) šećera

3 jaja

175 g/6 oz/1½ šalice glatkog (višenamjenskog) brašna

5 ml/1 žličica praška za pecivo

175 g/6 oz/1 šalica sultana (zlatne grožđice)

120 ml/4 fl oz/½ šalice mlijeka

6 običnih keksa (kolačića), mljevenih

100 g/4 oz/½ šalice mekog smeđeg šećera

100 g/4 oz/1 šalica osušenog (naribanog) kokosa

Miksajte maslac ili margarin i šećer dok ne postane svijetlo i pjenasto. Postupno umiješajte dva jaja, zatim dodajte brašno, prašak za pecivo i sultanice naizmjenično s mlijekom. Žlicom izlijte pola smjese u podmazan i obložen kalup za kruh (tepsija) od 450 g/1 lb. Preostalo jaje pomiješajte s biskvitnim mrvicama, smeđim šećerom i kokosom te pospite u lim. Žlicom dodajte preostalu smjesu i pecite u prethodno zagrijanoj pećnici na 180°C/350°F/plinska oznaka 4 1 sat. Ostavite da se hladi u kalupu 30 minuta, zatim preokrenite na rešetku da se ohladi.

Kolač od kokosa i limuna

Za jednu tortu od 20 cm/8

100 g/4 oz/½ šalice maslaca ili margarina, omekšalog

75 g/3 oz/1/3 šalice mekog smeđeg šećera

Naribana korica 1 limuna

1 jaje, tučeno

Nekoliko kapi esencije badema (ekstrakt)

350 g/12 oz/3 šalice samodizajućeg (samodizajućeg) brašna

60 ml/4 žlice džema od malina (sačuvati)

Za preljev:

1 jaje, tučeno

75 g/3 oz/1/3 šalice mekog smeđeg šećera

225 g/8 oz/2 šalice osušenog (naribanog) kokosa

Pomiješajte maslac ili margarin, šećer i koricu limuna dok ne postane svijetlo i pjenasto. Postupno umiješajte jaje i esenciju badema, pa dodajte brašno. Žlicom stavite smjesu u podmazan i obložen kalup za torte (tepsiju) veličine 20 cm/8. Preko smjese žlicom stavljajte džem. Pomiješajte sastojke za preljev i rasporedite po smjesi. Pecite u prethodno zagrijanoj pećnici na 180°C/350°F/plinska oznaka 4 30 minuta dok ne postane elastično na dodir. Ostaviti da se ohladi u plehu.

Novogodišnja torta od kokosa

Za jednu tortu od 18 cm/7

100 g/4 oz/½ šalice maslaca ili margarina, omekšalog

100 g/4 oz/½ šalice sitnog (superfinog) šećera

2 jaja, lagano tučena

75 g/3 oz/¾ šalice glatkog (višenamjenskog) brašna

45 ml/3 žlice osušenog (naribanog) kokosa

30 ml/2 žlice ruma

Nekoliko kapi esencije badema (ekstrakt)

Nekoliko kapi esencije limuna (ekstrakt)

Miksajte maslac i šećer dok ne postane svijetlo i pjenasto. Postupno umiješajte jaja, zatim dodajte brašno i kokos. Umiješajte rum i esencije. Žlicom stavite namašćen i obložen kalup za torte (tepsiju) veličine 18 cm/7 i poravnajte površinu. Pecite u prethodno zagrijanoj pećnici na 190°C/375°F/ plinska oznaka 5 45 minuta dok ražanj umetnut u sredinu ne izađe čist. Ostaviti da se ohladi u plehu.

Kokos i Sultanija torta

Za jednu tortu od 23 cm/9

100 g/4 oz/½ šalice maslaca ili margarina, omekšalog

175 g/6 oz/¾ šalice sitnog (superfinog) šećera

2 jaja, lagano tučena

175 g/6 oz/1½ šalice glatkog (višenamjenskog) brašna

5 ml/1 žličica praška za pecivo

Prstohvat soli

175 g/6 oz/1 šalica sultana (zlatne grožđice)

120 ml/4 fl oz/½ šalice mlijeka

Za nadjev:

1 jaje, lagano tučeno

50 g/2 oz/½ šalice mrvica običnog keksa (kolačića).

100 g/4 oz/½ šalice mekog smeđeg šećera

100 g/4 oz/1 šalica osušenog (naribanog) kokosa

Miksajte maslac ili margarin i šećer dok ne postane svijetlo i pjenasto. Postupno umiješajte jaja. Umiješajte brašno, prašak za pecivo, sol i kašu s dovoljno mlijeka da dobijete mekanu konzistenciju. Pola smjese žlicom stavljajte u podmazan kalup (tepsiju) promjera 23 cm/9. Pomiješajte sastojke za nadjev i žlicom prelijte smjesu, a zatim prelijte preostalom smjesom za kolače. Pecite u prethodno zagrijanoj pećnici na 180°C/350°F/plinska oznaka 4 1 sat dok ne postane elastičan na dodir i počne se skupljati od stijenki lima. Ostavite da se ohladi u kalupu prije nego što ga izvadite.

Torta s hrskavim orašastim vrhom

Za jednu tortu od 23 cm/9

225 g/8 oz/1 šalica maslaca ili margarina, omekšalog

225 g/8 oz/1 šalica sitnog (superfinog) šećera

2 jaja, lagano tučena

225 g/8 oz/2 šalice glatkog (višenamjenskog) brašna

2,5 ml/½ žličice sode bikarbone (soda bikarbona)

2,5 ml/½ žličice kreme od zubnog kamenca

200 ml/7 tečnih oz/nedovoljno 1 šalica mlijeka

Za preljev:

100 g/4 oz/1 šalica nasjeckanih miješanih orašastih plodova

100 g/4 oz/½ šalice mekog smeđeg šećera

5 ml/1 žličica mljevenog cimeta

Miksajte maslac ili margarin i šećer dok ne postane svijetlo i pjenasto. Postupno umiješajte jaja pa naizmjenično s mlijekom dodajte brašno, sodu bikarbonu i tartar. Žlicom stavite namašćen i obložen kalup za torte (tepsiju) veličine 23 cm/9. Pomiješajte orahe, smeđi šećer i cimet i pospite po vrhu torte. Pecite u prethodno zagrijanoj pećnici na 180°C/350°F/plinska oznaka 4 40 minuta dok ne porumene i ne počnu se skupljati sa stijenki lima. Ostavite da se hladi u kalupu 10 minuta, zatim preokrenite na rešetku da se ohladi.

Kolač od miješanih oraha

Za jednu tortu od 23 cm/9

100 g/4 oz/½ šalice maslaca ili margarina, omekšalog

225 g/8 oz/1 šalica sitnog (superfinog) šećera

1 jaje, tučeno

225 g/8 oz/2 šalice samodizajućeg (samodizajućeg) brašna

10 ml/2 žličice praška za pecivo

Prstohvat soli

250 ml/8 tečnih oz/1 šalica mlijeka

5 ml/1 žličica esencije vanilije (ekstrakt)

2,5 ml/½ žličice esencije limuna (ekstrakt)

100 g/4 oz/1 šalica nasjeckanih miješanih orašastih plodova

Miksajte maslac ili margarin i šećer dok ne postane svijetlo i pjenasto. Postupno umiješajte jaje. Pomiješajte brašno, prašak za pecivo i sol te dodajte u smjesu naizmjenično s mlijekom i esencijama. Ubacite orahe. Žlicom rasporedite u dva podmazana i obložena 23 cm/9 kalupa za kolače (tepsije) i pecite u prethodno zagrijanoj pećnici na 180°F/350°F/plinska oznaka 4 40 minuta dok ražanj umetnut u sredinu ne izađe čist.

Grčki kolač od oraha

Za jednu tortu od 25 cm/10

100 g/4 oz/½ šalice maslaca ili margarina, omekšalog

225 g/8 oz/1 šalica sitnog (superfinog) šećera

3 jaja, lagano tučena

250 g/9 oz/2¼ šalice glatkog (višenamjenskog) brašna

225 g/8 oz/2 šalice oraha, mljevenih

10 ml/2 žličice praška za pecivo

5 ml/1 žličica mljevenog cimeta

1,5 ml/¼ žličice mljevenih klinčića

Prstohvat soli

75 ml/5 žlica mlijeka

Za sirup od meda:
175 g/6 oz/¾ šalice sitnog (superfinog) šećera

75 g/3 oz/¼ šalice bistrog meda

15 ml/1 žlica soka od limuna

250 ml/8 tečnih oz/1 šalica kipuće vode

Miksajte maslac ili margarin i šećer dok ne postane svijetlo i pjenasto. Postupno umiješajte jaja pa dodajte brašno, orahe, prašak za pecivo, začine i sol. Dodajte mlijeko i miješajte dok ne postane glatko. Žlicom stavite u podmazan i pobrašnjen kalup za torte (tepsiju) veličine 25 cm/10 i pecite u prethodno zagrijanoj pećnici na 180°C/350°F/ plinska oznaka 4 40 minuta dok ne postane elastičan na dodir. Ostavite da se hladi u kalupu 10 minuta pa prebacite na rešetku.

Da biste napravili sirup, pomiješajte šećer, med, limunov sok i vodu te zagrijavajte dok se ne otope. Topli kolač izbodite vilicom po cijeloj površini pa žlicom prelijte mednim sirupom.

Ledena torta od oraha

Za jednu tortu od 18 cm/7

100 g/4 oz/½ šalice maslaca ili margarina, omekšalog

100 g/4 oz/½ šalice sitnog (superfinog) šećera

2 jaja, lagano tučena

100 g/4 oz/1 šalica samodizajućeg (samodizajućeg) brašna

100 g/4 oz/1 šalica nasjeckanih oraha

Prstohvat soli

                      Za glazuru (glazuru):

450 g/1 lb/2 šalice granuliranog šećera

150 ml/¼ pt/2/3 šalice vode

2 bjelanjka

Nekoliko polovica oraha za ukrašavanje

Miksajte maslac ili margarin i šećer dok ne postane svijetlo i pjenasto. Postupno umiješajte jaja, zatim dodajte brašno, orahe i sol. Žlicom rasporedite smjesu u dva namaštena i obložena kalupa (tepsije) veličine 18 cm/7 i pecite u prethodno zagrijanoj pećnici na 180°C/350°F/plinska oznaka 4 25 minuta dok se dobro ne digne i postane elastičan na dodir. Ostaviti da se ohladi.

Šećer u prahu otopite u vodi na laganoj vatri uz stalno miješanje, a zatim zakuhajte i nastavite kuhati bez miješanja sve dok kapljica smjese ne postane mekana kuglica kada se ubaci u hladnu vodu. Za to vrijeme u čistoj posudi umutite čvrsti snijeg od bjelanjaka. Ulijte sirup na bjelanjak i mutite dok smjesa ne bude dovoljno gusta da može premazati poleđinu žlice. Složite torte slojem glazure, a ostatak rasporedite po vrhu i stranicama torte i ukrasite polovicama oraha.

Torta od oraha sa kremom od čokolade

Za jednu tortu od 18 cm/7

3 jaja

75 g/3 oz/1/3 šalice mekog smeđeg šećera

50 g/2 oz/½ šalice integralnog (cjelovitog) brašna

25 g/1 oz/¼ šalice kakaa (nezaslađene čokolade) u prahu

Za glazuru (glazuru):
150 g/5 oz/1¼ šalice obične (poluslatke) čokolade

225 g/8 oz/1 šalica nemasnog krem sira

45 ml/3 žlice šećera u prahu (slastičarskog), prosijanog

75 g/3 oz/¾ šalice nasjeckanih oraha

15 ml/1 žlica rakije (po želji)

Naribana čokolada za ukrašavanje

Miksajte jaja i smeđi šećer dok ne postane blijeda i gusta. Umiješajte brašno i kakao. Žlicom rasporedite smjesu u dva namašćena i obložena kalupa za sendviče (tepsije) veličine 18 cm/7 i pecite u prethodno zagrijanoj pećnici na 190°C/375°F/plinska oznaka 5 15-20 minuta dok dobro ne naraste i postane elastično na dodir. Izvaditi iz kalupa i ostaviti da se ohladi.

Otopite čokoladu u zdjeli otpornoj na toplinu postavljenoj iznad posude s vodom koja lagano ključa. Maknite s vatre i umiješajte krem sir i šećer u prahu, zatim umiješajte orahe i brandy, ako koristite. Složite kolačiće s većim dijelom nadjeva i rasporedite ostatak po vrhu. Ukrasite naribanom čokoladom.

Kolač od oraha s medom i cimetom

Za jednu tortu od 23 cm/9

225 g/8 oz/2 šalice glatkog (višenamjenskog) brašna

10 ml/2 žličice praška za pecivo

5 ml/1 žličica sode bikarbone (soda bikarbona)

5 ml/1 žličica mljevenog cimeta

Prstohvat soli

100 g/4 oz/1 šalica običnog jogurta

75 ml/5 žlica ulja

100 g/4 oz/1/3 šalice bistrog meda

1 jaje, lagano tučeno

5 ml/1 žličica esencije vanilije (ekstrakt)

Za nadjev:

50 g/2 oz/½ šalice nasjeckanih oraha

225 g/8 oz/1 šalica mekog smeđeg šećera

10 ml/2 žličice mljevenog cimeta

30 ml/2 žlice ulja

Pomiješajte suhe sastojke za kolač i napravite udubinu u sredini. Umutite preostale sastojke za kolač i umiješajte u suhe sastojke. Pomiješajte sastojke za nadjev. Pola smjese za kolače žlicom stavite u podmazan i pobrašnjen kalup (tepsiju) veličine 23 cm/9 i pospite polovicom nadjeva. Dodajte preostalu smjesu za kolače, zatim preostali nadjev. Pecite u prethodno zagrijanoj pećnici na 180°C/350°F/ plinska oznaka 4 30 minuta dok se dobro ne digne i ne poprimi zlatnosmeđu boju i počne se skupljati od stijenki posude.

Pločice od badema i meda

Čini 10

15 g/½ oz svježeg kvasca ili 20 ml/4 žličice suhog kvasca

45 ml/3 žlice sitnog (superfinog) šećera

120 ml/4 fl oz/½ šalice toplog mlijeka

300 g/11 oz/2¾ šalice glatkog (višenamjenskog) brašna

Prstohvat soli

1 jaje, lagano tučeno

50 g/2 oz/¼ šalice maslaca ili margarina, omekšalog

300 ml/½ pt/1¼ šalice dvostrukog (gustog) vrhnja

30 ml/2 žlice šećera u prahu (slastičarskog), prosijanog

45 ml/3 žlice bistrog meda

300 g/11 oz/2¾ šalice narezanih (narezanih) badema

Pomiješajte kvasac, 5 ml/1 žličicu sitnog šećera i malo mlijeka i ostavite na toplom mjestu 20 minuta dok ne postane pjenasto. Preostali šećer pomiješajte s brašnom i solju te u sredini napravite udubinu. Postupno umiješajte jaje, maslac ili margarin, smjesu kvasca i preostalo toplo mlijeko te zamijesite mekano tijesto. Mijesite na lagano pobrašnjenoj površini dok ne bude glatko i elastično. Stavite u nauljenu zdjelu, pokrijte nauljenom prozirnom folijom (plastičnom folijom) i ostavite na toplom mjestu 45 minuta dok se ne udvostruči.

Tijesto ponovno premijesite, razvaljajte i stavite u podmazan kalup (tepsiju) veličine 30 x 20 cm/12 x 8, izbockajte ga vilicom, pokrijte i ostavite na toplom 10 minuta.

Stavite 120 ml/4 fl oz/½ šalice vrhnja, šećer u prahu i med u malu tavu i zakuhajte. Maknite s vatre i umiješajte bademe. Rasporedite po tijestu, zatim pecite u prethodno zagrijanoj pećnici na 200°C/400°F/plinska oznaka 6 20 minuta dok ne postane zlatno i elastično na dodir, prekrivši masnim (voštanim) papirom ako vrh počne previše smeđiti prije kraj kuhanja. Iskrenuti i ostaviti da se ohladi.

Prerežite tortu vodoravno na pola. Od preostalog vrhnja istucite čvrsti šlag i premažite donju polovicu torte. Prekrijte polovicu kolača prekrivenu bademima i izrežite na štanglice.

Crumble pločice od jabuke i crnog ribiza

Čini 12

175 g/6 oz/1½ šalice glatkog (višenamjenskog) brašna

5 ml/1 žličica praška za pecivo

Prstohvat soli

175 g/6 oz/¾ šalice maslaca ili margarina

225 g/8 oz/1 šalica mekog smeđeg šećera

100 g/4 oz/1 šalica valjane zobi

450 g/1 lb jabuka za kuhanje (tart), oguljenih, očišćenih od jezgre i narezanih na ploške

30 ml/2 žlice kukuruznog brašna (kukuruzni škrob)

10 ml/2 žličice mljevenog cimeta

2,5 ml/½ žličice naribanog muškatnog oraščića

2,5 ml/½ žličice mljevene pimente

225 g/8 oz crnog ribiza

Pomiješajte brašno, prašak za pecivo i sol pa utrljajte maslac ili margarin. Umiješajte šećer i zob. Žlicom stavite polovicu u podmazan i obložen četvrtast kalup (tepsiju) veličine 25 cm/9. Pomiješajte jabuke, kukuruzno brašno i začine i rasporedite preko. Prelijte crnim ribizlom. Žlicom stavite preostalu smjesu i poravnajte vrh. Pecite u prethodno zagrijanoj pećnici na 180°C/350°F/plinska oznaka 4 30 minuta dok ne porumene. Ostavite da se ohladi pa narežite na štanglice.

Pločice od marelice i zobene kaše

Čini 24

75 g/3 oz/½ šalice suhih marelica

25 g/1 oz/3 žlice sultanije (zlatne grožđice)

250 ml/8 tečnih oz/1 šalica vode

5 ml/1 žličica soka od limuna

150 g/5 oz/2/3 šalice mekog smeđeg šećera

50 g/2 oz/½ šalice osušenog (naribanog) kokosa

50 g/2 oz/½ šalice glatkog (višenamjenskog) brašna

2,5 ml/½ žličice sode bikarbone (soda bikarbona)

100 g/4 oz/1 šalica valjane zobi

50 g/2 oz/¼ šalice maslaca, otopljenog

Stavite marelice, sultanije, vodu, limunov sok i 30 ml/2 žlice smeđeg šećera u malu tavu i miješajte na laganoj vatri dok se ne zgusne. Umiješajte kokos i ostavite da se ohladi. Pomiješajte brašno, sodu bikarbonu, zob i preostali šećer pa umiješajte otopljeni maslac. Polovicu zobene smjese utisnite u podmazan četvrtasti kalup za pečenje (tepsiju) veličine 20 cm/8, a zatim po vrhu rasporedite smjesu od marelica. Pokrijte preostalom mješavinom zobi i lagano pritisnite. Pecite u prethodno zagrijanoj pećnici na 180°C/350°F/plinska oznaka 4 30 minuta dok ne porumene. Ostavite da se ohladi pa narežite na štanglice.

Marelica Crunchies

Čini 16

100 g/4 oz/2/3 šalice suhih marelica gotovih za konzumaciju

120 ml/4 fl oz/½ šalice soka od naranče

100 g/4 oz/½ šalice maslaca ili margarina

75 g/3 oz/¾ šalice integralnog (cjelovitog) brašna

75 g/3 oz/¾ šalice valjane zobi

75 g/3 oz/1/3 šalice demerara šećera

Namočite marelice u soku od naranče najmanje 30 minuta dok ne omekšaju, zatim ih ocijedite i nasjeckajte. Maslac ili margarin utrljajte u brašno dok smjesa ne bude poput krušnih mrvica. Umiješajte zobene zobi i šećer. Polovicu smjese utisnite u podmazan kalup za rolade veličine 30 x 20 cm/12 x 8 u švicarskim kalupima (tepsiju za žele rolade) i pospite marelicama. Preostalu smjesu rasporedite po vrhu i lagano pritisnite. Pecite u prethodno zagrijanoj pećnici na 180°C/350°F/plinska oznaka 4 25 minuta dok ne porumene. Ostavite da se ohladi u kalupu prije nego što ga okrenete i režete na štanglice.

Orašaste banane pločice

Čini oko 14

50 g/2 oz/¼ šalice maslaca ili margarina, omekšalog

75 g/3 oz/1/3 šalice mješovitog (superfinog) ili mekog smeđeg šećera

2 velike banane, nasjeckane

175 g/6 oz/1½ šalice glatkog (višenamjenskog) brašna

7,5 ml/1½ žličice praška za pecivo

2 jaja, istučena

50 g/2 oz/½ šalice oraha, grubo nasjeckanih

Pjenasto izradite maslac ili margarin i šećer. Banane zgnječite i umiješajte u smjesu. Pomiješajte brašno i prašak za pecivo. Dodajte brašno, jaja i orahe u smjesu od banana i dobro umutite. Žlicom stavljajte u podmazan i obložen kalup za torte 18 x 28 cm/7 x 11, poravnajte površinu i pecite u prethodno zagrijanoj pećnici na 160°C/325°F/plinska oznaka 3 30-35 minuta dok ne postane elastičan na dodir. Ostavite da se ohladi nekoliko minuta u kalupu, a zatim preokrenite na rešetku da se ohladi. Narezati na oko 14 štanglica.

Američki kolačići

Čini oko 15

2 velika jaja

225 g/8 oz/1 šalica sitnog (superfinog) šećera

50 g/2 oz/¼ šalice maslaca ili margarina, otopljenog

2,5 ml/½ žličice esencije vanilije (ekstrakt)

75 g/3 oz/¾ šalice glatkog (višenamjenskog) brašna

45 ml/3 žlice kakaa (nezaslađene čokolade) u prahu

2,5 ml/½ žličice praška za pecivo

Prstohvat soli

50 g/2 oz/½ šalice oraha, grubo nasjeckanih

Miksajte jaja i šećer dok ne postane gusto i kremasto. Istucite maslac i aromu vanilije. Prosijte brašno, kakao, prašak za pecivo i sol pa umiješajte u smjesu s orasima. Prevrnuti u dobro podmazan četvrtasti kalup (tepsiju) veličine 20 cm/8. Pecite u prethodno zagrijanoj pećnici na 180°C/350°F/plinska oznaka 4 40-45 minuta dok ne postane elastično na dodir. Ostavite u limu 10 minuta pa izrežite na kvadrate i još tople prebacite na rešetku.

Chocolate Fudge Brownies

Čini oko 16

225 g/8 oz/1 šalica maslaca ili margarina

175 g/6 oz/¾ šalice granuliranog šećera

350 g/12 oz/3 šalice samodizajućeg (samodizajućeg) brašna

30 ml/2 žlice kakaa (nezaslađene čokolade) u prahu

Za glazuru (glazuru):
175 g/6 oz/1 šalica šećera u prahu (poslastičarskog), prosijanog

30 ml/2 žlice kakaa (nezaslađene čokolade) u prahu

Kipuća voda

Rastopite maslac ili margarin pa umiješajte kristalni šećer. Umiješajte brašno i kakao. Utisnuti u obložen kalup 18 x 28 cm/7 x 11 u kalupu (tepsiji). Pecite u prethodno zagrijanoj pećnici na 180°C/350°F/plinska oznaka 4 oko 20 minuta dok ne postane elastično na dodir.

Za glazuru prosijte šećer u prahu i kakao u zdjelu i dodajte kap kipuće vode. Miješajte dok se dobro ne sjedini, dodajući kap ili više vode ako je potrebno. Zaledite kolačiće dok su još topli (ali ne vrući), zatim ih ostavite da se ohlade prije rezanja na kvadrate.

Brownies od oraha i čokolade

Čini 12

50 g/2 oz/½ šalice obične (poluslatke) čokolade

75 g/3 oz/1/3 šalice maslaca ili margarina

225 g/8 oz/1 šalica sitnog (superfinog) šećera

75 g/3 oz/¾ šalice glatkog (višenamjenskog) brašna

75 g/3 oz/¾ šalice nasjeckanih oraha

50 g/2 oz/½ šalice komadića čokolade

2 jaja, istučena

2,5 ml/½ žličice esencije vanilije (ekstrakt)

Otopite čokoladu i maslac ili margarin u zdjeli otpornoj na toplinu postavljenoj iznad posude s lagano ključajućom vodom. Maknite s vatre i umiješajte preostale sastojke. Žlicom stavljajte u podmazan i obložen kalup za tortu (tepsiju) veličine 20 cm/8 i pecite u prethodno zagrijanoj pećnici na 180°C/350°F/plinska oznaka 4 30 minuta dok ražanj umetnut u sredinu ne izađe čist. Ostaviti da se ohladi u plehu, pa iseći na kvadrate.

Pločice s maslacem

Čini 16

100 g/4 oz/½ šalice maslaca ili margarina, omekšalog

100 g/4 oz/½ šalice sitnog (superfinog) šećera

1 jaje, odvojeno

100 g/4 oz/1 šalica glatkog (višenamjenskog) brašna

25 g/1 oz/¼ šalice nasjeckanih miješanih orašastih plodova

Miksajte maslac ili margarin i šećer dok ne postane svijetlo i pjenasto. Umiješajte žumanjak, zatim umiješajte brašno i orahe da dobijete prilično čvrstu smjesu. Ako je pretvrdo dodajte malo mlijeka; ako je tekuce umijesati jos malo brasna. Žlicom stavite tijesto u podmazan kalup za rolade veličine 30 x 20 cm / 12 x 8 u švicarskom kalupu za rolade. Bjelanjke pjenasto istucite i rasporedite po smjesi. Pecite u prethodno zagrijanoj pećnici na 180°C/350°F/plinska oznaka 4 30 minuta dok ne porumene. Ostavite da se ohladi pa narežite na štanglice.

Cherry Toffee Traybake

Čini 12

100 g/4 oz/1 šalica badema

225 g/8 oz/1 šalica glacé (kandiranih) trešanja, prepolovljenih

225 g/8 oz/1 šalica maslaca ili margarina, omekšalog

225 g/8 oz/1 šalica sitnog (superfinog) šećera

3 jaja, istučena

100 g/4 oz/1 šalica samodizajućeg (samodizajućeg) brašna

50 g/2 oz/½ šalice mljevenih badema

5 ml/1 žličica praška za pecivo

5 ml/1 žličica esencije badema (ekstrakt)

Pospite bademe i višnje po dnu namašćenog i obloženog 20 cm/8 obloženog kalupa (tepsije). Otopite 50 g/2 oz/¼ šalice maslaca ili margarina s 50 g/2 oz/¼ šalice šećera, zatim to prelijte preko višanja i oraha. Preostali maslac ili margarin i šećer umutiti dok ne postane pjenasto, zatim umutiti jaja i umiješati brašno, mljevene bademe, prašak za pecivo i esenciju badema. Žlicom stavljajte smjesu u lim i poravnajte vrh. Pecite u prethodno zagrijanoj pećnici na 160°C/325°F/plinska oznaka 3 1 sat. Ostavite da se ohladi u limu nekoliko minuta, a zatim pažljivo preokrenite na rešetku, ostružući bilo koji dio preljeva s papira za oblaganje ako je potrebno. Ostavite da se potpuno ohladi prije rezanja.

Traybake s komadićima čokolade

Čini 24

100 g/4 oz/½ šalice maslaca ili margarina, omekšalog

100 g/4 oz/½ šalice mekog smeđeg šećera

50 g/2 oz/¼ šalice sitnog (superfinog) šećera

1 jaje

5 ml/1 žličica esencije vanilije (ekstrakt)

100 g/4 oz/1 šalica glatkog (višenamjenskog) brašna

2,5 ml/½ žličice sode bikarbone (soda bikarbona)

Prstohvat soli

100 g/4 oz/1 šalica komadića čokolade

Miješajte maslac ili margarin i šećere dok ne postanu svijetli i pjenasti, zatim postupno dodajte jaje i aromu vanilije. Umiješajte brašno, sodu bikarbonu i sol. Umiješajte komadiće čokolade. Žlicom stavite u podmazan i pobrašnjen četvrtasti kalup za pečenje (tepsiju) veličine 25 cm/12 i pecite u prethodno zagrijanoj pećnici na 190°C/375°F/plinska oznaka 2 15 minuta dok ne porumene. Ostaviti da se ohladi pa rezati na kvadrate.

Cinnamon Crumble sloj

Čini 12

Za bazu:

100 g/4 oz/½ šalice maslaca ili margarina, omekšalog

30 ml/2 žlice bistrog meda

2 jaja, lagano tučena

100 g/4 oz/1 šalica glatkog (višenamjenskog) brašna

Za crumble:

75 g/3 oz/1/3 šalice maslaca ili margarina

75 g/3 oz/¾ šalice glatkog (višenamjenskog) brašna

75 g/3 oz/¾ šalice valjane zobi

5 ml/1 žličica mljevenog cimeta

50 g/2 oz/¼ šalice demerara šećera

Pomiješajte maslac ili margarin i med dok ne postane svijetlo i pjenasto. Postupno umiješajte jaja, pa umiješajte brašno. Pola smjese žlicom stavljajte u podmazan četvrtasti kalup (tepsiju) veličine 20 cm/8 i poravnajte površinu.

Da biste napravili crumble, utrljajte maslac ili margarin u brašno dok smjesa ne podsjeća na krušne mrvice. Umiješajte zobene zobi, cimet i šećer. Žlicom stavite pola mrvica u lim, zatim prelijte preostalom smjesom za kolače, a zatim preostalim mrvicama. Pecite u prethodno zagrijanoj pećnici na 190°C/375°F/plinska oznaka 5 oko 35 minuta dok ražanj umetnut u sredinu ne izađe čist. Ostavite da se ohladi pa narežite na štanglice.

Gnjecave pločice cimeta

Čini 16

225 g/8 oz/2 šalice glatkog (višenamjenskog) brašna

10 ml/2 žličice praška za pecivo

225 g/8 oz/1 šalica mekog smeđeg šećera

15 ml/1 žlica otopljenog maslaca

250 ml/8 tečnih oz/1 šalica mlijeka

30 ml/2 žlice demerara šećera

10 ml/2 žličice mljevenog cimeta

25 g/1 oz/2 žlice maslaca, ohlađenog i narezanog na kockice

Pomiješajte brašno, prašak za pecivo i šećer. Umiješajte otopljeni maslac i mlijeko i dobro sjedinite. Utisnite smjesu u dva četvrtasta kalupa (tepsije) promjera 23 cm/9. Pospite vrhove demerara šećerom i cimetom, pa po površini utisnite komadiće maslaca. Pecite u prethodno zagrijanoj pećnici na 180°C/350°F/ plinska oznaka 4 30 minuta. Maslac će napraviti rupe u smjesi i postati gnjecav dok se kuha.

Kokosove pločice

Čini 16

75 g/3 oz/1/3 šalice maslaca ili margarina

100 g/4 oz/1 šalica glatkog (višenamjenskog) brašna

30 ml/2 žlice sitnog (superfinog) šećera

2 jaja

100 g/4 oz/½ šalice mekog smeđeg šećera

Prstohvat soli

175 g/6 oz/1½ šalice osušenog (naribanog) kokosa

50 g/2 oz/½ šalice sjeckanih miješanih orašastih plodova

Glazura od naranče

Maslac ili margarin utrljajte u brašno dok smjesa ne bude poput krušnih mrvica. Umiješajte šećer i utisnite u nepodmazan četvrtasti kalup (tepsiju) veličine 23 cm/9. Pecite u prethodno zagrijanoj pećnici na 190°C/350°F/plinska oznaka 4 15 minuta dok se ne stegne.

Pomiješajte jaja, smeđi šećer i sol, zatim umiješajte kokos i orahe i rasporedite po podlozi. Pecite 20 minuta dok se ne stegne i ne porumeni. Led s glazurom od naranče kad se ohladi. Narežite na štanglice.

Sendvič pločice s kokosom i džemom

Čini 16

25 g/1 oz/2 žlice maslaca ili margarina

175 g/6 oz/1½ šalice samodizajućeg (samodizajućeg) brašna

225 g/8 oz/1 šalica sitnog (superfinog) šećera

2 žumanjka

75 ml/5 žlica vode

175 g/6 oz/1½ šalice osušenog (naribanog) kokosa

4 bjelanjka

50 g/2 oz/½ šalice glatkog (višenamjenskog) brašna

100 g/4 oz/1/3 šalice džema od jagoda (sačuvati)

Utrljajte maslac ili margarin u samodizajuće brašno, zatim umiješajte 50 g/2 oz/¼ šalice šećera. Istucite žumanjke i 45 ml/3 žlice vode i umiješajte u smjesu. Utisnite u podmazani kalup za rolade veličine 30 x 20 cm/12 x 8 u švicarskom obliku (posuda za rolade sa želeom) i izbodite vilicom. Pecite u prethodno zagrijanoj pećnici na 180°C/350°F/plinska oznaka 4 12 minuta. Ostaviti da se ohladi.

U tavu stavite kokos, ostatak šećera i vode te jedan bjelanjak i miješajte na laganoj vatri dok smjesa ne postane grudasta, a da ne porumeni. Ostaviti da se ohladi. Umiješajte glatko brašno. Od preostalih bjelanjaka umutite čvrsti snijeg pa ga umiješajte u smjesu. Podlogu premažite pekmezom, pa premažite preljevom od kokosa. Pecite u pećnici 30 minuta dok ne porumene. Ostavite da se ohladi u kalupu prije rezanja na štanglice.

Date and Apple Traybake

Čini 12

1 jabuka za kuhanje (tart), oguljena, očišćena od jezgre i nasjeckana

225 g/8 oz/1 1/3 šalice datulja bez koštica, nasjeckanih

150 ml/¼ pt/2/3 šalice vode

350 g/12 oz/3 šalice valjane zobi

175 g/6 oz/¾ šalice maslaca ili margarina, otopljenog

45 ml/3 žlice demerara šećera

5 ml/1 žličica mljevenog cimeta

Stavite jabuke, datulje i vodu u tavu i lagano pirjajte oko 5 minuta dok jabuke ne omekšaju. Ostaviti da se ohladi. Pomiješajte zobene pahuljice, maslac ili margarin, šećer i cimet. Žlicom stavite polovicu u podmazan četvrtasti kalup (tepsiju) veličine 20 cm/8 i poravnajte površinu. Odozgo stavite smjesu jabuka i datulja, zatim pokrijte preostalom smjesom od zobi i poravnajte površinu. Lagano pritisnite. Pecite u prethodno zagrijanoj pećnici na 190°C/375°F/plinska oznaka 5 oko 30 minuta dok ne porumene. Ostavite da se ohladi pa narežite na štanglice.

Kriške datulja

Čini 12

225 g/8 oz/1 1/3 šalice datulja bez koštica, nasjeckanih

30 ml/2 žlice bistrog meda

30 ml/2 žlice soka od limuna

225 g/8 oz/1 šalica maslaca ili margarina

225 g/8 oz/2 šalice integralnog (cjelovitog) brašna

225 g/8 oz/2 šalice valjane zobi

75 g/3 oz/1/3 šalice mekog smeđeg šećera

Datulje, med i limunov sok kuhajte na laganoj vatri nekoliko minuta dok datulje ne omekšaju. Maslac ili margarin utrljajte u brašno i zob dok smjesa ne podsjeća na prezle, a zatim umiješajte šećer. Žlicom stavite pola smjese u podmazan i obložen četvrtasti kalup (tepsiju) veličine 20 cm/8. Žlicom rasporedite smjesu datulja po vrhu, a zatim završite preostalom smjesom za kolač. Čvrsto pritisnite. Pecite u prethodno zagrijanoj pećnici na 190°C/375°F/plinska oznaka 5 35 minuta dok ne postane elastično na dodir. Ostavite da se hladi u kalupu, još toplo režite na ploške.

Bakine pločice s datuljama

Čini 16

100 g/4 oz/½ šalice maslaca ili margarina, omekšalog

225 g/8 oz/1 šalica mekog smeđeg šećera

2 jaja, lagano tučena

175 g/6 oz/1½ šalice glatkog (višenamjenskog) brašna

2,5 ml/½ žličice sode bikarbone (soda bikarbona)

5 ml/1 žličica mljevenog cimeta

Prstohvat mljevenog klinčića

Prstohvat naribanog muškatnog oraščića

175 g/6 oz/1 šalica datulja bez koštica, nasjeckanih

Miksajte maslac ili margarin i šećer dok ne postane svijetlo i pjenasto. Postupno dodajte jaja, dobro umutiti nakon svakog dodavanja. Umiješajte preostale sastojke dok se dobro ne sjedine. Žlicom stavljajte u podmazan i pobrašnjen četvrtasti kalup za pečenje (tepsiju) veličine 23 cm/9 i pecite u prethodno zagrijanoj pećnici na 180°C/350°F/plinska oznaka 4 25 minuta dok ražanj umetnut u sredinu ne izađe čist. Ostavite da se ohladi pa narežite na štanglice.

Pločice od datulja i zobenih pahuljica

Čini 16

175 g/6 oz/1 šalica datulja bez koštica, nasjeckanih

15 ml/1 žlica bistrog meda

30 ml/2 žlice vode

225 g/8 oz/2 šalice integralnog (cjelovitog) brašna

100 g/4 oz/1 šalica valjane zobi

100 g/4 oz/½ šalice mekog smeđeg šećera

150 g/5 oz/2/3 šalice maslaca ili margarina, otopljenog

Datulje, med i vodu kuhajte u maloj posudi dok datulje ne omekšaju. Pomiješajte brašno, zob i šećer pa umiješajte otopljeni maslac ili margarin. Utisnite pola smjese u podmazan četvrtasti kalup za torte veličine 18 cm/7 cm, pospite smjesom od datulja, a zatim na vrh stavite preostalu smjesu od zobi i lagano pritisnite. Pecite u prethodno zagrijanoj pećnici na 180°C/350°F/plinska oznaka 4 1 sat dok ne postane čvrsta i zlatna. Ostavite da se hladi u plehu, još toplo režite na štanglice.

Pločice od datulja i oraha

Čini 12

100 g/4 oz/½ šalice maslaca ili margarina, omekšalog

150 g/5 oz/2/3 šalice sitnog (superfinog) šećera

1 jaje, lagano tučeno

100 g/4 oz/1 šalica samodizajućeg (samodizajućeg) brašna

225 g/8 oz/11/3 šalice datulja bez koštica, nasjeckanih

100 g/4 oz/1 šalica nasjeckanih oraha

15 ml/1 žlica mlijeka (po želji)

100 g/4 oz/1 šalica obične (poluslatke) čokolade

Miksajte maslac ili margarin i šećer dok ne postane svijetlo i pjenasto. Umiješajte jaje, zatim brašno, datulje i orahe, a ako je smjesa pregusta dodajte malo mlijeka. Žlicom stavljajte u namašćeni kalup za rolade veličine 30 x 20 cm/12 x 8 in pecite u prethodno zagrijanoj pećnici na 180°C/350°F/plinska oznaka 4 30 minuta dok ne postane elastičan na dodir. Ostaviti da se ohladi.

Otopite čokoladu u zdjeli otpornoj na toplinu postavljenoj iznad posude s vodom koja lagano ključa. Premažite preko smjese i ostavite da se ohladi i stegne. Oštrim nožem narežite na štanglice.

Pločice od smokava

Čini 16

225 g/8 oz svježih smokava, nasjeckanih

30 ml/2 žlice bistrog meda

15 ml/1 žlica soka od limuna

225 g/8 oz/2 šalice integralnog (cjelovitog) brašna

225 g/8 oz/2 šalice valjane zobi

225 g/8 oz/1 šalica maslaca ili margarina

75 g/3 oz/1/3 šalice mekog smeđeg šećera

Smokve, med i limunov sok kuhajte na laganoj vatri 5 minuta. Pustiti da se malo ohladi. Pomiješajte brašno i zobene pahuljice, zatim utrljajte maslac ili margarin i umiješajte šećer. Pola smjese utisnite u podmazan četvrtasti kalup za torte (tepsiju) veličine 20 cm/8 cm, a zatim žlicom po vrhu rasporedite smjesu od smokava. Pokrijte preostalom smjesom za kolače i čvrsto pritisnite. Pecite u prethodno zagrijanoj pećnici na 180°C/350°F/plinska oznaka 4 30 minuta dok ne porumene. Ostavite u plehu da se ohladi pa još tople režite na ploške.

Flapjacks

Čini 16

75 g/3 oz/1/3 šalice maslaca ili margarina

50 g/2 oz/3 žlice zlatnog (svijetlog kukuruznog) sirupa

100 g/4 oz/½ šalice mekog smeđeg šećera

175 g/6 oz/1½ šalice valjane zobi

Otopite maslac ili margarin sa sirupom i šećerom pa umiješajte zobene pahuljice. Utisnite u podmazan četvrtasti lim veličine 20 cm/8 i pecite u prethodno zagrijanoj pećnici na 180°C/350°F/plinska oznaka 4 oko 20 minuta dok ne porumene. Ostavite da se malo prohladi prije rezanja na štanglice, a zatim ostavite u kalupu da se skroz ohladi prije nego što ga okrenete.

Pahuljice od trešnje

Čini 16

75 g/3 oz/1/3 šalice maslaca ili margarina

50 g/2 oz/3 žlice zlatnog (svijetlog kukuruznog) sirupa

100 g/4 oz/½ šalice mekog smeđeg šećera

175 g/6 oz/1½ šalice valjane zobi

100 g/4 oz/1 šalica glacé (kandiranih) trešanja, nasjeckanih

Otopite maslac ili margarin sa sirupom i šećerom pa umiješajte zobene zobi i višnje. Utisnite u podmazan četvrtasti kalup (tepsiju) veličine 20 cm/8 i pecite u prethodno zagrijanoj pećnici na 180°C/350°F/plinska oznaka 4 oko 20 minuta dok ne porumene. Ostavite da se malo prohladi prije rezanja na štanglice, a zatim ostavite u kalupu da se skroz ohladi prije nego što ga okrenete.

Čokoladne pahuljice

Čini 16

75 g/3 oz/1/3 šalice maslaca ili margarina

50 g/2 oz/3 žlice zlatnog (svijetlog kukuruznog) sirupa

100 g/4 oz/½ šalice mekog smeđeg šećera

175 g/6 oz/1½ šalice valjane zobi

100 g/4 oz/1 šalica komadića čokolade

Otopite maslac ili margarin sa sirupom i šećerom, pa umiješajte zobene zobi i komadiće čokolade. Utisnite u podmazan četvrtasti kalup (tepsiju) veličine 20 cm/8 i pecite u prethodno zagrijanoj pećnici na 180°C/350°F/plinska oznaka 4 oko 20 minuta dok ne porumene. Ostavite da se malo prohladi prije rezanja na štanglice, a zatim ostavite u kalupu da se skroz ohladi prije nego što ga okrenete.

Fruit Flapjacks

Čini 16

75 g/3 oz/1/3 šalice maslaca ili margarina

100 g/4 oz/½ šalice mekog smeđeg šećera

50 g/2 oz/3 žlice zlatnog (svijetlog kukuruznog) sirupa

175 g/6 oz/1½ šalice valjane zobi

75 g/3 oz/½ šalice grožđica, sultana ili drugog sušenog voća

Otopite maslac ili margarin sa šećerom i sirupom pa umiješajte zobene zobi i grožđice. Utisnite u podmazan četvrtasti kalup (tepsiju) veličine 20 cm/8 i pecite u prethodno zagrijanoj pećnici na 180°C/350°F/plinska oznaka 4 oko 20 minuta dok ne porumene. Ostavite da se malo prohladi prije rezanja na štanglice, a zatim ostavite u kalupu da se skroz ohladi prije nego što ga okrenete.

Palačinke s voćem i orašastim plodovima

Čini 16

75 g/3 oz/1/3 šalice maslaca ili margarina

100 g/4 oz/1/3 šalice bistrog meda

50 g/2 oz/1/3 šalice grožđica

50 g/2 oz/½ šalice nasjeckanih oraha

175 g/6 oz/1½ šalice valjane zobi

Na laganoj vatri otopite maslac ili margarin s medom. Umiješajte grožđice, orahe i zob i dobro promiješajte. Žlicom stavite u podmazan četvrtasti kalup (tepsiju) veličine 23 cm/9 cm i pecite u prethodno zagrijanoj pećnici na 180°C/350°F/plinska oznaka 4 25 minuta. Ostavite da se hladi u plehu, još toplo režite na štanglice.

Ginger Flapjacks

Čini 16

75 g/3 oz/1/3 šalice maslaca ili margarina

100 g/4 oz/½ šalice mekog smeđeg šećera

50 g/2 oz/3 žlice sirupa iz staklenke stabljike đumbira

175 g/6 oz/1½ šalice valjane zobi

4 komada stabljike đumbira, sitno nasjeckanog

Otopite maslac ili margarin sa šećerom i sirupom pa umiješajte zobene zobi i đumbir. Utisnite u podmazan četvrtasti kalup (tepsiju) veličine 20 cm/8 i pecite u prethodno zagrijanoj pećnici na 180°C/350°F/plinska oznaka 4 oko 20 minuta dok ne porumene. Ostavite da se malo prohladi prije rezanja na štanglice, a zatim ostavite u kalupu da se skroz ohladi prije nego što ga okrenete.

Nutty Flapjacks

Čini 16

75 g/3 oz/1/3 šalice maslaca ili margarina

50 g/2 oz/3 žlice zlatnog (svijetlog kukuruznog) sirupa

100 g/4 oz/½ šalice mekog smeđeg šećera

175 g/6 oz/1½ šalice valjane zobi

100 g/4 oz/1 šalica nasjeckanih miješanih orašastih plodova

Otopite maslac ili margarin sa sirupom i šećerom pa umiješajte zobene zobi i orahe. Utisnite u podmazan četvrtasti kalup (tepsiju) veličine 20 cm/8 i pecite u prethodno zagrijanoj pećnici na 180°C/350°F/plinska oznaka 4 oko 20 minuta dok ne porumene. Ostavite da se malo prohladi prije rezanja na štanglice, a zatim ostavite u kalupu da se skroz ohladi prije nego što ga okrenete.

Oštro pecivo s limunom

Čini 16

100 g/4 oz/1 šalica glatkog (višenamjenskog) brašna

100 g/4 oz/½ šalice maslaca ili margarina, omekšalog

75 g/3 oz/½ šalice šećera u prahu (slastičarskog), prosijanog

2,5 ml/½ žličice praška za pecivo

Prstohvat soli

30 ml/2 žlice soka od limuna

10 ml/2 žličice naribane limunove korice

Pomiješajte brašno, maslac ili margarin, šećer u prahu i prašak za pecivo. Utisnite u podmazan četvrtasti kalup (tepsiju) veličine 23 cm/9 cm i pecite u prethodno zagrijanoj pećnici na 180°C/350°F/plinska oznaka 4 20 minuta.

Pomiješajte preostale sastojke i tucite dok ne postane svijetlo i pjenasto. Žlicom prelijte vruću podlogu, smanjite temperaturu pećnice na 160°C/325°F/plinska oznaka 3 i vratite u pećnicu na dodatnih 25 minuta dok ne postane elastična na dodir. Ostaviti da se ohladi pa rezati na kvadrate.

Mocha i kokos kvadrati

Čini 20

1 jaje

100 g/4 oz/½ šalice sitnog (superfinog) šećera

100 g/4 oz/1 šalica glatkog (višenamjenskog) brašna

10 ml/2 žličice praška za pecivo

Prstohvat soli

75 ml/5 žlica mlijeka

75 g/3 oz/1/3 šalice maslaca ili margarina, otopljenog

15 ml/1 žlica kakaa (nezaslađene čokolade) u prahu

2,5 ml/½ žličice esencije vanilije (ekstrakt)

Za preljev:

75 g/3 oz/½ šalice šećera u prahu (slastičarskog), prosijanog

50 g/2 oz/¼ šalice maslaca ili margarina, otopljenog

45 ml/3 žlice vruće jake crne kave

15 ml/1 žlica kakaa (nezaslađene čokolade) u prahu

2,5 ml/½ žličice esencije vanilije (ekstrakt)

25 g/1 oz/¼ šalice osušenog (naribanog) kokosa

Tucite zajedno jaja i šećer dok ne postanu svijetla i pjenasta. Umiješajte brašno, prašak za pecivo i sol naizmjenično s mlijekom i otopljenim maslacem ili margarinom. Umiješajte kakao i asenciju vanilije. Žlicom izlijte smjesu u podmazan četvrtasti kalup za torte (tepsiju) veličine 20 cm/8 i pecite u prethodno zagrijanoj pećnici na 200°C/400°F/plinska oznaka 6 15 minuta dok se dobro ne digne i postane elastičan na dodir.

Za preljev pomiješajte šećer u prahu, maslac ili margarin, kavu, kakao i aromu vanilije. Toplu tortu premazati i posuti kokosom. Ostaviti da se ohladi u kalupu, zatim okrenuti i rezati na kvadrate.

Pozdrav Dolly Cookies

Čini 16

100 g/4 oz/½ šalice maslaca ili margarina

100 g/4 oz/1 šalica digestivnog keksa

(Graham kreker) mrvice

100 g/4 oz/1 šalica komadića čokolade

100 g/4 oz/1 šalica osušenog (naribanog) kokosa

100 g/4 oz/1 šalica nasjeckanih oraha

400 g/14 oz/1 velika limenka kondenziranog mlijeka

Otopite maslac ili margarin i umiješajte biskvitne mrvice. Smjesu utisnite u podmazan i folijom obložen kalup za torte 28 x 18 cm/11 x 7. Pospite komadićima čokolade, zatim kokosom i na kraju orasima. Prelijte kondenzirano mlijeko po vrhu i pecite u prethodno zagrijanoj pećnici na 180°C/350°F/plinska oznaka 4 25 minuta. Još toplo rezati na štanglice pa ostaviti da se potpuno ohladi.

Pločice s orašastim plodovima i čokoladom i kokosom

Čini 12

75 g/3 oz/¾ šalice mliječne čokolade

75 g/3 oz/¾ šalice obične (poluslatke) čokolade

75 g/3 oz/1/3 šalice hrskavog maslaca od kikirikija

75 g/3 oz/¾ šalice digestivnog keksa (Graham kreker) mrvica

75 g/3 oz/¾ šalice mljevenih oraha

75 g/3 oz/¾ šalice sušenog (naribanog) kokosa

75 g/3 oz/¾ šalice bijele čokolade

Otopite mliječnu čokoladu u zdjeli otpornoj na toplinu postavljenoj iznad posude s vodom koja lagano ključa. Rasporedite po dnu četvrtastog kalupa (tepsije) veličine 23 cm/7 i ostavite da se stegne.

Na laganoj vatri lagano otopite običnu čokoladu i maslac od kikirikija pa umiješajte biskvitne mrvice, orahe i kokos. Prelijte preko stisnute čokolade i ohladite dok se ne stegne.

Otopite bijelu čokoladu u zdjeli otpornoj na toplinu postavljenoj iznad posude s vodom koja lagano ključa. Prelijte kekse u uzorku, pa ostavite da se stegne prije rezanja na štanglice.

Nutty Squares

Čini 12

75 g/3 oz/¾ šalice obične (poluslatke) čokolade

50 g/2 oz/¼ šalice maslaca ili margarina

100 g/4 oz/½ šalice sitnog (superfinog) šećera

2 jaja

5 ml/1 žličica esencije vanilije (ekstrakt)

75 g/3 oz/¾ šalice glatkog (višenamjenskog) brašna

2,5 ml/½ žličice praška za pecivo

100 g/4 oz/1 šalica nasjeckanih miješanih orašastih plodova

Otopite čokoladu u zdjeli otpornoj na toplinu iznad posude s vodom koja lagano ključa. Miješajte maslac dok se ne rastopi pa umiješajte šećer. Maknite s vatre i umiješajte jaja i aromu vanilije. Umiješajte brašno, prašak za pecivo i orahe. Žlicom stavite smjesu u podmazan četvrtasti kalup za torte (tepsiju) veličine 25 cm/10 i pecite u prethodno zagrijanoj pećnici na 180°C/350°F/plin oznaka 4 15 minuta dok ne porumeni. Još toplo izrežite na male kvadrate.

Kriške oraha oraha naranče

Čini 16

375 g/13 oz/3¼ šalice glatkog (višenamjenskog) brašna

275 g/10 oz/1¼ šalice sitnog (vrlo finog) šećera

5 ml/1 žličica praška za pecivo

75 g/3 oz/1/3 šalice maslaca ili margarina

2 jaja, istučena

175 ml/6 tečnih oz/¾ šalice mlijeka

200 g/7 oz/1 mala konzerva mandarina, ocijeđenih i grubo nasjeckanih

100 g/4 oz/1 šalica pekan oraha, nasjeckanih

Sitno naribana korica 2 naranče

10 ml/2 žličice mljevenog cimeta

Pomiješajte 325 g/12 oz/3 šalice brašna, 225 g/8 oz/1 šalicu šećera i prašak za pecivo. Otopite 50 g / 2 oz / ¼ šalice maslaca ili margarina i umiješajte jaja i mlijeko. Nježno umiješajte tekućinu u suhe sastojke dok smjesa ne postane glatka. Ubacite mandarine, pekan orahe i koricu naranče. Izliti u podmazan i obložen kalup 30 x 20 cm/12 x 8 u kalupu (tepsiji). Utrljajte preostalo brašno, šećer, maslac i cimet i pospite po kolaču. Pecite u prethodno zagrijanoj pećnici na 180°C/350°F/plinska oznaka 4 40 minuta dok ne porumene. Ostavite da se ohladi u kalupu, pa narežite na 16-ak kriški.

Parkin

Čini 16 kvadrata

100 g/4 oz/½ šalice svinjske masti (smanjivac)

100 g/4 oz/½ šalice maslaca ili margarina

75 g/3 oz/1/3 šalice mekog smeđeg šećera

100 g/4 oz/1/3 šalice zlatnog (svijetlog kukuruznog) sirupa

100 g/4 oz/1/3 šalice crnog melase (melase)

10 ml/2 žličice sode bikarbone (soda bikarbona)

150 ml/¼ pt/2/3 šalice mlijeka

225 g/8 oz/2 šalice integralnog (cjelovitog) brašna

225 g/8 oz/2 šalice zobenih pahuljica

10 ml/2 žličice mljevenog đumbira

2,5 ml/½ žličice soli

U tavi otopite mast, maslac ili margarin, šećer, sirup i melasu. Otopite sodu bikarbonu u mlijeku i umiješajte u tavu s preostalim sastojcima. Žlicom stavite u podmazan i obložen četvrtasti kalup (tepsiju) veličine 20 cm/8 i pecite u prethodno zagrijanoj pećnici na 160°C/325°F/plinska oznaka 3 1 sat dok ne postane čvrst. Može utonuti u sredini. Ostavite da se ohladi, zatim pohranite u hermetički zatvorenu posudu nekoliko dana prije rezanja na kvadrate i posluživanja.

Pločice s maslacem od kikirikija

Čini 16

100 g/4 oz/1 šalica maslaca ili margarina

175 g/6 oz/1¼ šalice glatkog (višenamjenskog) brašna

175 g/6 oz/¾ šalice mekog smeđeg šećera

75 g/3 oz/1/3 šalice maslaca od kikirikija

Prstohvat soli

1 manji žumanjak, istučen

2,5 ml/½ žličice esencije vanilije (ekstrakt)

100 g/4 oz/1 šalica obične (poluslatke) čokolade

50 g/2 oz/2 šalice napuhane riže

Maslac ili margarin utrljajte u brašno dok smjesa ne bude poput krušnih mrvica. Umiješajte šećer, 30 ml/2 žlice maslaca od kikirikija i sol. Umiješajte žumanjak i aromu vanilije i miješajte dok se dobro ne sjedini. Utisnite u četvrtasti kalup (tepsiju) od 25 cm/10 in. Pecite u prethodno zagrijanoj pećnici na 160°C/325°F/plinska oznaka 3 30 minuta dok ne naraste i postane elastičan na dodir.

Otopite čokoladu u zdjeli otpornoj na toplinu iznad posude s vodom koja lagano ključa. Maknite s vatre i umiješajte preostali maslac od kikirikija. Umiješajte žitarice i dobro promiješajte dok se ne prekriju čokoladnom smjesom. Žlicom mazati kolač i poravnati površinu. Ostavite da se ohladi, zatim ohladite i narežite na štanglice.

Kriške za piknik

Čini 12

225 g/8 oz/2 šalice obične (poluslatke) čokolade

50 g/2 oz/¼ šalice maslaca ili margarina, omekšalog

100 g/4 oz/½ šalice šećera u prahu

1 jaje, lagano tučeno

100 g/4 oz/1 šalica osušenog (naribanog) kokosa

50 g/2 oz/1/3 šalice sultanije (zlatne grožđice)

50 g/2 oz/¼ šalice glacé (ušećerenih) trešanja, nasjeckanih

Otopite čokoladu u zdjeli otpornoj na toplinu postavljenoj iznad posude s vodom koja lagano ključa. Ulijte u podmazan i obložen kalup za rolade veličine 30 x 20 cm/12 x 8. Miksajte maslac ili margarin i šećer dok ne postane svijetlo i pjenasto. Postupno dodajte jaje pa umiješajte kokos, sultanije i višnje. Rasporedite po čokoladi i pecite u prethodno zagrijanoj pećnici na 150°C/300°F/plinska oznaka 3 30 minuta dok ne porumeni. Ostavite da se ohladi pa narežite na štanglice.

Pločice od ananasa i kokosa

Čini 20

1 jaje

100 g/4 oz/½ šalice sitnog (superfinog) šećera

75 g/3 oz/¾ šalice glatkog (višenamjenskog) brašna

5 ml/1 žličica praška za pecivo

Prstohvat soli

75 ml/5 žlica vode

Za preljev:

200 g/7 oz/1 mala konzerva ananasa, ocijeđenog i nasjeckanog

25 g/1 oz/2 žlice maslaca ili margarina

50 g/2 oz/¼ šalice sitnog (superfinog) šećera

1 žumanjak

25 g/1 oz/¼ šalice osušenog (naribanog) kokosa

5 ml/1 žličica esencije vanilije (ekstrakt)

Tucite zajedno jaje i šećer dok ne postanu svijetli i blijedi. Umiješajte brašno, prašak za pecivo i sol naizmjenično s vodom. Žlicom stavite u podmazan i pobrašnjen četvrtasti kalup za torte (tepsiju) veličine 18 cm/7 i pecite u prethodno zagrijanoj pećnici na 200°C/400°F/plinska oznaka 6 20 minuta dok dobro ne naraste i postane elastičan na dodir. Žlicom rasporedite ananas po toplom kolaču. Zagrijte preostale sastojke za preljev u maloj tavi na laganoj vatri, neprestano miješajući dok se dobro ne sjedine, a da smjesa ne prokuha. Žlicom rasporedite ananas, pa tortu vratite u pećnicu na još 5 minuta dok preljev ne porumeni. Ostavite da se hladi u kalupu 10 minuta, zatim preokrenite na rešetku da se do kraja ohladi prije rezanja na ploške.

Kolač sa kvascem od šljiva

Čini 16

15 g/½ oz svježeg kvasca ili 20 ml/4 žličice suhog kvasca

50 g/2 oz/¼ šalice sitnog (superfinog) šećera

150 ml/¼ pt/2/3 šalice toplog mlijeka

50 g/2 oz/¼ šalice maslaca ili margarina, otopljenog

1 jaje

1 žumanjak

250 g/9 oz/2¼ šalice glatkog (višenamjenskog) brašna

5 ml/1 žličica sitno naribane limunove korice

675 g/1½ lb šljiva, narezanih na četvrtine i bez koštica (bez koštica)

Šećer u prahu (slastičarski), prosijani, za posipanje

Mljeveni cimet

Pomiješajte kvasac sa 5 ml/1 žličicom šećera i malo toplog mlijeka i ostavite na toplom mjestu 20 minuta dok ne postane pjenasto. Ostatak šećera i mlijeka pjenasto izmiješajte s otopljenim maslacem ili margarinom, jajetom i žumanjkom. Pomiješajte brašno i limunovu koricu u posudi i napravite udubinu u sredini. Postupno umiješajte smjesu kvasca i smjesu jaja da dobijete mekano tijesto. Tucite dok tijesto ne postane vrlo glatko i dok se na površini ne počnu stvarati mjehurići. Lagano utisnite u podmazan i pobrašnjen četvrtasti kalup (tepsiju) veličine 25 cm/10. Po vrhu tijesta rasporedite šljive blizu jedne. Pokrijte nauljenom prozirnom folijom (plastičnom folijom) i ostavite na toplom mjestu 1 sat dok se ne udvostruči. Stavite u prethodno zagrijanu pećnicu na 200°C/400°F/plin oznaka 6, zatim odmah smanjite temperaturu pećnice na 190°C/375°F/plin oznaka 5 i pecite 45 minuta. Ponovno smanjite temperaturu pećnice na 180°C/350°F/plinska oznaka 4 i pecite još 15 minuta dok ne porumene. Kolač još vruć pospite šećerom u prahu i cimetom pa ostavite da se ohladi i režite na kvadrate.

American Pumpkin Bars

Čini 20

2 jaja

175 g/6 oz/¾ šalice sitnog (superfinog) šećera

120 ml/4 fl oz/½ šalice ulja

225 g/8 oz kuhane bundeve narezane na kockice

100 g/4 oz/1 šalica glatkog (višenamjenskog) brašna

5 ml/1 žličica praška za pecivo

5 ml/1 žličica mljevenog cimeta

2,5 ml/½ žličice sode bikarbone (soda bikarbona)

50 g/2 oz/1/3 šalice sultanije (zlatne grožđice)

Glazura od krem sira

Istucite jaja dok ne postanu svijetla i pjenasta, zatim umiješajte šećer i ulje te umiješajte bundevu. Umiješajte brašno, prašak za pecivo, cimet i sodu bikarbonu dok se dobro ne sjedine. Umiješajte sultanije. Žlicom izlijte smjesu u podmazan i pobrašnjen kalup za švicarske rolade veličine 30 x 20 cm/12 x 8 (posuda za žele rolade) i pecite u prethodno zagrijanoj pećnici na 180°C/350°F/plinska oznaka 4 30 minuta dok ne umetnete ražanj. u sredini izlazi čist. Ostavite da se ohladi pa premažite glazurom od krem sira i režite na štanglice.

Pločice od dunja i badema

Čini 16

450 g/1 lb dunja

50 g/2 oz/¼ šalice svinjske masti (maslina)

50 g/2 oz/¼ šalice maslaca ili margarina

100 g/4 oz/1 šalica glatkog (višenamjenskog) brašna

30 ml/2 žlice sitnog (superfinog) šećera

Oko 30 ml/2 žlice vode

Za nadjev:

75 g/3 oz/1/3 šalice maslaca ili margarina, omekšalog

100 g/4 oz/½ šalice sitnog (superfinog) šećera

2 jaja

Nekoliko kapi esencije badema (ekstrakt)

100 g/4 oz/1 šalica mljevenih badema

25 g/1 oz/¼ šalice glatkog (višenamjenskog) brašna

50 g/2 oz/½ šalice narezanih badema u listićima

Dunje ogulite, izvadite im koštice i narežite na tanke ploške. Stavite u posudu i samo pokrijte vodom. Pustite da zavrije i kuhajte oko 15 minuta dok ne omekša. Ocijedite sav višak vode.

Mast i maslac ili margarin utrljajte u brašno dok smjesa ne bude poput krušnih mrvica. Umiješajte šećer. Dodajte tek toliko vode da zamijesite mekano tijesto, zatim ga razvaljajte na lagano pobrašnjenoj površini i njime obložite podlogu i stranice 30 x 20 cm/12 x 8 u švicarskom kalupu za rolade (tepsija za žele rolade). Sve izbockati vilicom. Šupičastom žlicom rasporedite dunje po tijestu.

Pjenasto izradite maslac ili margarin i šećer, pa postupno umiješajte jaja i esenciju badema. Ubaciti mljevene bademe i brašno pa žlicom polagati preko dunja. Po vrhu pospite narezane bademe i pecite u prethodno zagrijanoj pećnici na 180°C/350°F/plinska oznaka 4 45 minuta dok ne postanu čvrsti i zlatno smeđi. Režite na kvadrate kad se ohladi.

Pločice s grožđicama

Čini 12

175 g/6 oz/1 šalica grožđica

250 ml/8 tečnih oz/1 šalica vode

75 ml/5 žlica ulja

225 g/8 oz/1 šalica sitnog (superfinog) šećera

1 jaje, lagano tučeno

200 g/7 oz/1¾ šalice glatkog (višenamjenskog) brašna

1,5 ml/¼ žličice soli

5 ml/1 žličica sode bikarbone (soda bikarbona)

5 ml/1 žličica mljevenog cimeta

2,5 ml/½ žličice naribanog muškatnog oraščića

2,5 ml/½ žličice mljevene pimente

Prstohvat mljevenog klinčića

50 g/2 oz/½ šalice komadića čokolade

50 g/2 oz/½ šalice nasjeckanih oraha

30 ml/2 žlice šećera u prahu (slastičarskog), prosijanog

Prokuhajte grožđice i zalijte pa dodajte ulje, maknite s vatre i ostavite da se malo ohladi. Umiješajte šećer i jaje. Pomiješajte brašno, sol, sodu bikarbonu i začine. Pomiješajte sa smjesom od grožđica, zatim umiješajte komadiće čokolade i orahe. Žlicom stavite u podmazan četvrtasti kalup za tortu (tepsiju) veličine 30 cm/12 i pecite u prethodno zagrijanoj pećnici na 190°C/375°F/plinska oznaka 5 25 minuta dok se torta ne počne skupljati sa stijenki kalupa. Ostavite da se ohladi prije posipanja šećerom u prahu i rezanja na štanglice.

Zobeni kvadratići maline

Čini 12

175 g/6 oz/¾ šalice maslaca ili margarina

225 g/8 oz/2 šalice samodizajućeg (samodizajućeg) brašna

5 ml/1 žličica soli

175 g/6 oz/1½ šalice valjane zobi

175 g/6 oz/¾ šalice sitnog (superfinog) šećera

300 g/11 oz/1 srednja konzerva malina, ocijeđenih

Maslac ili margarin utrljajte u brašno i sol pa umiješajte zobene zobi i šećer. Pola smjese utisnite u podmazan četvrtasti kalup (tepsiju) veličine 25 cm/10 cm. Po vrhu rasporedite maline i pokrijte preostalom smjesom, dobro pritisnuvši. Pecite u prethodno zagrijanoj pećnici na 200°C/400°F/plinska oznaka 6 20 minuta. Ostavite da se malo ohladi u kalupu prije rezanja na kvadrate.

www.ingramcontent.com/pod-product-compliance
Lightning Source LLC
Chambersburg PA
CBHW071859110526
44591CB00011B/1478